PowerPoint 2016 応用

セミナーテキスト

JN251560

日経BP社

はじめに

本書は、次の方を対象にしています。

■『PowerPoint 2016 基礎 セミナーテキスト』を修了された方。

さまざまなデータを活用して、効果的なプレゼンテーションを作成するテクニックが身に付きます。スライドマスターを利用したスライド全体の管理、他のプレゼンテーションのスライドの取り込み、ExcelやWordで作成したデータやオーディオ/ビデオファイルの挿入、効果的なアニメーションの設定、作成したプレゼンテーションの有効活用、配布資料の作成、さまざまな形式でのプレゼンテーションの保存などを学習します。本書を修了すると、実務でPowerPointを活用する際に必要な機能をひととおりマスターできます。

制作環境

本書は以下の環境で制作・検証しました。

■Windows 10 Pro（日本語版）をセットアップした状態。
　※ほかのエディションやバージョンのWindowsでも、Office 2016が動作する環境であれば、ほぼ同じ操作で利用できます。
■Microsoft Office Professional 2016（日本語デスクトップ版）をセットアップし、Microsoftアカウントでサインインした状態。マウスとキーボードを用いる環境（マウスモード）。
■画面の解像度を1280×768ピクセルに設定し、ウィンドウを全画面表示にした状態。
　※上記以外の解像度やウィンドウサイズで使用すると、リボン内のボタンが誌面と異なる形状で表示される場合があります。
■［アカウント］画面で［Officeの背景］を［背景なし］、［Officeテーマ］を［白］に設定した状態。
■プリンターをセットアップした状態。
　※ご使用のコンピューター、プリンター、セットアップなどの状態によって、画面の表示が本書と異なる場合があります。

おことわり

本書発行後の機能やサービスの変更により、誌面の通りに表示されなかったり操作できなかったりすることがあります。その場合は適宜別の方法で操作してください。

表記

- メニュー、コマンド、ボタン、ダイアログボックスなどで画面に表示される文字は、角かっこ（[ ]）で囲んで表記しています。ボタン名の表記がないボタンは、マウスでポイントすると表示されるポップヒントで表記しています。
- 入力する文字は「」で囲んで表記しています。
- 本書のキー表記は、どの機種にも対応する一般的なキー表記を採用しています。2つのキーの間にプラス記号（＋）がある場合は、それらのキーを同時に押すことを示しています。
- マウス操作の説明には、次の用語を使用しています。

用語	意味
ポイント	マウスポインターを移動し、項目の上にポインターの先端を置くこと
クリック	マウスの左ボタンを1回押して離すこと
右クリック	マウスの右ボタンを1回押して離すこと
ダブルクリック	マウスの左ボタンを2回続けて、すばやく押して離すこと
ドラッグ	マウスの左ボタンを押したまま、マウスを動かすこと

操作手順や知っておいていただきたい事項などには、次のようなマークが付いています。

マーク	内容
操作☞	これから行う操作
Step 1	細かい操作手順
❗重要	操作を行う際などに知っておく必要がある重要な情報の解説
💡ヒント	本文で説明していない操作や、知っておいた方がいい補足的な情報の解説
📖用語	用語の解説

実習用データ

本書で学習する際に使用する実習用データを、以下の方法でダウンロードしてご利用ください。

■ダウンロード方法

①以下のサイトにアクセスします。

    https://project.nikkeibp.co.jp/bnt/atcl/16/B30600/

②「実習用データダウンロード/講習の手引きダウンロード」をクリックします。

③表示されたページにあるそれぞれのダウンロードのリンクをクリックして、ドキュメントフォルダーにダウンロードします。ファイルのダウンロードには日経IDおよび日経BPブックス＆テキストOnlineへの登録が必要になります（いずれも登録は無料）。

④ダウンロードしたzip形式の圧縮ファイルを展開すると［PowerPoint2016応用］フォルダーが作成されます。

⑤［PowerPoint2016応用］フォルダーを［ドキュメント］フォルダーまたは講師から指示されたフォルダーなどに移動します。

ダウンロードしたファイルを開くときの注意事項

インターネット経由でダウンロードしたファイルを開く場合、「注意——インターネットから入手したファイルは、ウイルスに感染している可能性があります。編集する必要がなければ、ほぼビューのままにしておくことをお勧めします。」というメッセージバーが表示されることがあります。その場合は、［編集を有効にする］をクリックして操作を進めてください。

ダウンロードしたzipファイルを右クリックし、ショートカットメニューの［プロパティ］をクリックして、［全般］タブで［ブロックの解除］を行うと、上記のメッセージが表示されなくなります。

実習用データの内容

実習用データには、本書の実習で使用するデータと章ごとの完成例、復習問題や総合問題で使用するデータと完成例が収録されています。前の章の最後で保存したファイルを次の章で引き続き使う場合がありますが、前の章の学習を行わずに次の章の実習を始めるためのファイルも含まれています。

講習の手引きと問題の解答

本書を使った講習を実施される講師の方向けの「講習の手引き」と、復習問題と総合問題の解答をダウンロードすることができます。ダウンロード方法は上記の「ダウンロード方法」を参照してください。

目次

| 第1章 | スライドマスターの活用 | 1 |

マスターの概要 — 2
スライドマスターの編集 — 6
オリジナルテンプレートの作成 — 16
　テーマの設定 — 20
　背景の設定 — 26
　オリジナルのヘッダーとフッターの作成 — 31
　図の挿入 — 36
　オリジナルテンプレートとして保存 — 38

| 第2章 | 既存データの活用 | 43 |

Wordデータの活用 — 44
　アウトライン文書を直接開く — 46
　スクリーンショットの利用 — 48
Excelデータの活用 — 51
ハイパーリンクの設定 — 56
オーディオやビデオの活用 — 61
　オーディオの利用 — 61
　ビデオの利用 — 66
PowerPointデータの活用 — 70
　既存プレゼンテーションの利用 — 71
　他スライドへのハイパーリンク — 74

| 第3章 | アニメーションの活用 | 83 |

効果を上げるアニメーションの活用 — 84
　アニメーションの基礎知識 — 84
　流れに沿ったアニメーションの作成 — 88
連続したアニメーションの作成 — 99

第4章 プレゼンテーションの有効活用 113

校閲機能の利用 —————————————————— 114
　コメントの挿入 —————————————————— 114
　プレゼンテーションの比較 ———————————————— 117
セクションの利用 —————————————————— 120
スライドの非表示 —————————————————— 126
目的別スライドショーの作成 ——————————————— 128
発表者ビューの利用 ————————————————— 133

第5章 配布資料の作成 145

配布資料マスターの利用 ————————————————— 146
プレゼンテーションの準備 ————————————————— 153
　ドキュメント検査の実行 ———————————————— 153
　最終版の設定 —————————————————— 155
Wordによる配布資料の作成 ——————————————— 157

第6章 プレゼンテーションの保存 165

スライドショー形式とプレゼンテーションパック ——————— 166
　スライドショー形式での保存 —————————————— 166
　プレゼンテーションパックでの保存 ———————————— 168
グラフィックス形式 ————————————————— 172
セキュリティの設定 ————————————————— 174
その他の形式 —————————————————— 178
　PDF/XPS形式での保存 ———————————————— 179

総合問題 —————————————————— 185
索引 —————————————————— 198

第1章

スライドマスター
の活用

- ■ マスターの概要
- ■ スライドマスターの編集
- ■ オリジナルテンプレートの作成

マスターの概要

背景や文字の書式、行頭記号などのスライドの構成要素は「マスター」で管理されています。マスターは、プレゼンテーション全体を一括して管理するもののことです。マスター上の設定や編集は、適用したスライドに反映されます。

マスターには、3種類が用意されています。それぞれのマスターの役割は次のとおりです。

画面表示	役割
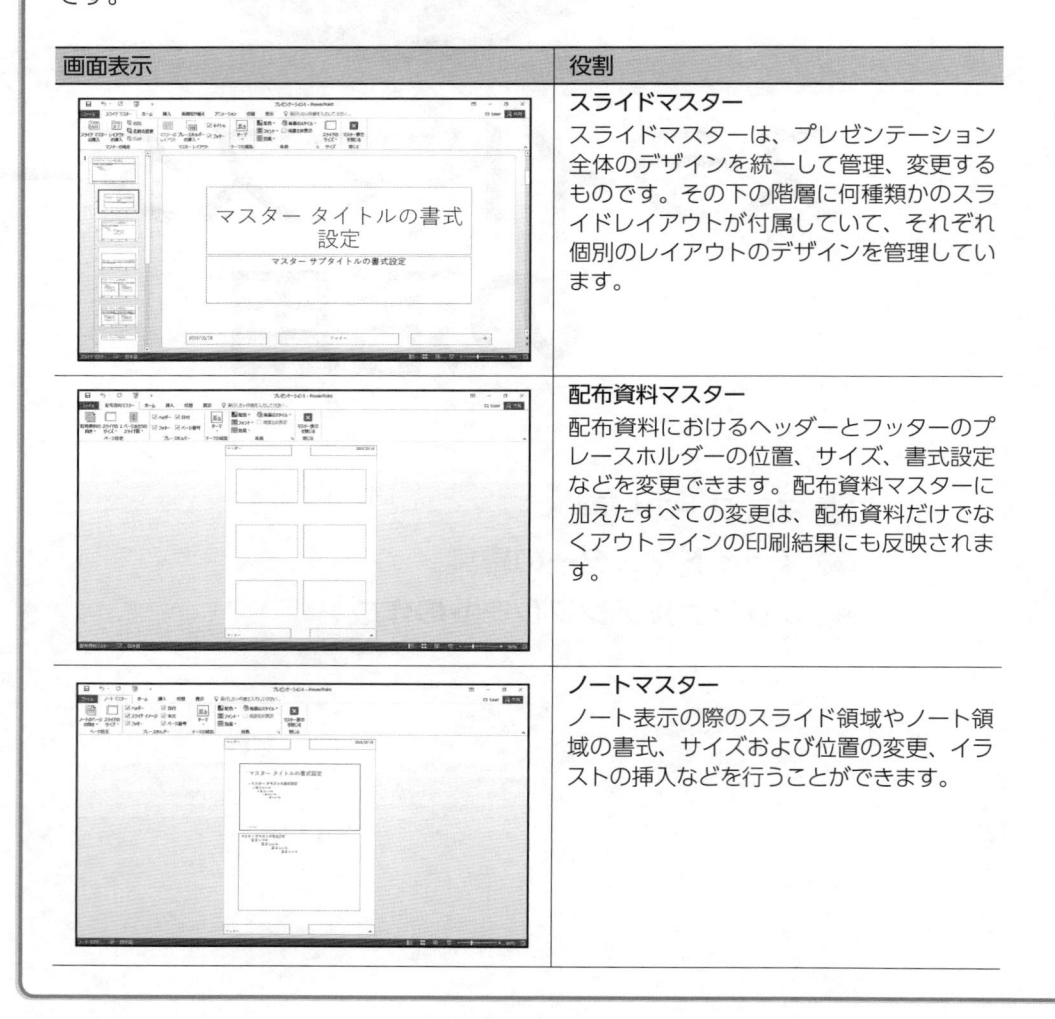	**スライドマスター** スライドマスターは、プレゼンテーション全体のデザインを統一して管理、変更するものです。その下の階層に何種類かのスライドレイアウトが付属していて、それぞれ個別のレイアウトのデザインを管理しています。
	配布資料マスター 配布資料におけるヘッダーとフッターのプレースホルダーの位置、サイズ、書式設定などを変更できます。配布資料マスターに加えたすべての変更は、配布資料だけでなくアウトラインの印刷結果にも反映されます。
	ノートマスター ノート表示の際のスライド領域やノート領域の書式、サイズおよび位置の変更、イラストの挿入などを行うことができます。

操作☞ マスターを表示する

PowerPointを起動して、3種類のマスターを表示しましょう。

Step 1 [スタート] ボタンから [PowerPoint 2016] をクリックします。

Step 2 [他のプレゼンテーションを開く] [参照] を順にクリックし、[PowerPoint2016応用] フォルダーにあるファイル「ワンデーサプリのご提案」を開きます。

> ⚠️ **重要**
>
> **ファイルを開くときの表示**
> ファイルを開くときに「保護ビュー　注意―インターネットから入手したファイルは、ウイルスに感染している可能性があります。編集する必要がなければ、保護ビューのままにしておくことをお勧めします。」というメッセージバーが表示されることがあります。その場合は、[編集を有効にする] をクリックして操作を進めてください。
> なお、「保護ビュー」の設定を変更するには、[ファイル] タブの [オプション] から [PowerPointのオプション] の [セキュリティセンター] にある [セキュリティセンターの設定] ボタンをクリックします。表示された [セキュリティセンター] の [保護ビュー] で設定できます。

Step 3 スライドマスターを表示します。

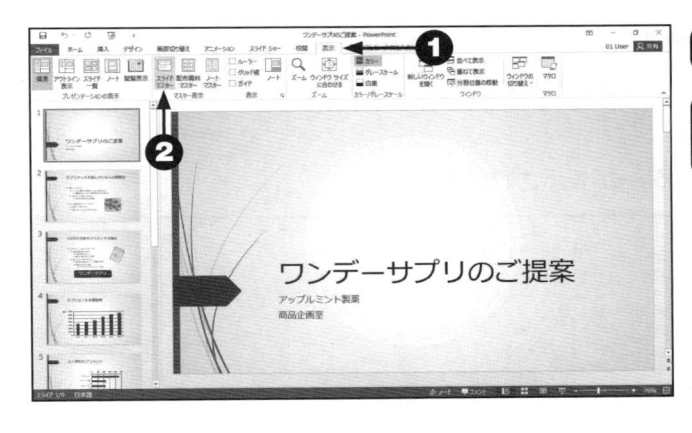

❶ [表示] タブをクリックします。

❷ [スライドマスター] ボタンをクリックします。

Step 4 スライドマスターが表示されます。

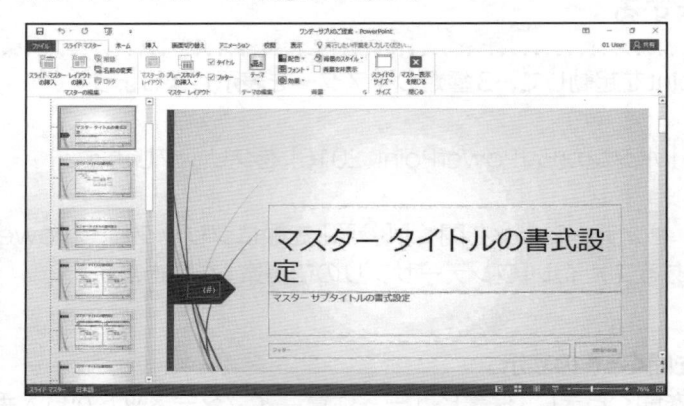

ヒント
[スライドマスター]タブ
スライドマスターを表示
すると、[ファイル] タブ
の右側に[スライドマス
ター] タブが表示されま
す。

Step 5 ノートマスターを表示します。

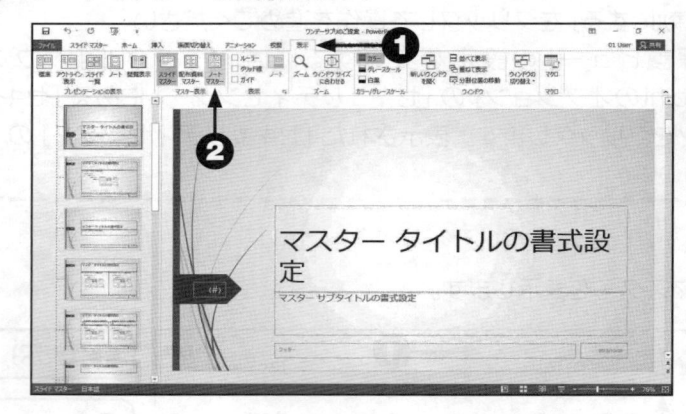

❶ [表示] タブをクリックします。

❷ [ノートマスター] ボタンをク
リックします。

Step 6 ノートマスターが表示されます。

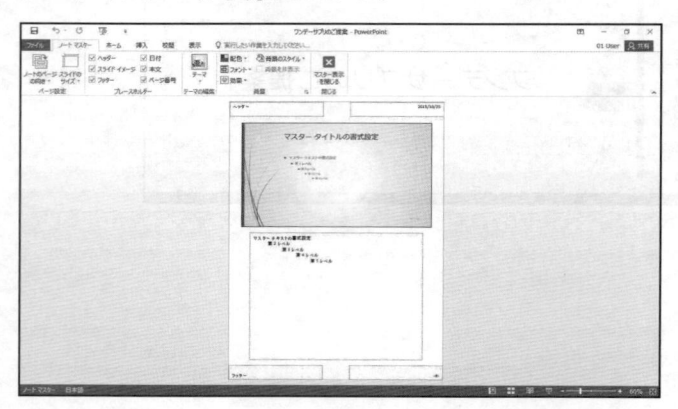

ヒント
[ノートマスター]タブ
ノートマスターを表示す
ると、[ファイル] タブの
右側に[ノートマスター]
タブが表示されます。

Step 7 配布資料マスターを表示します。

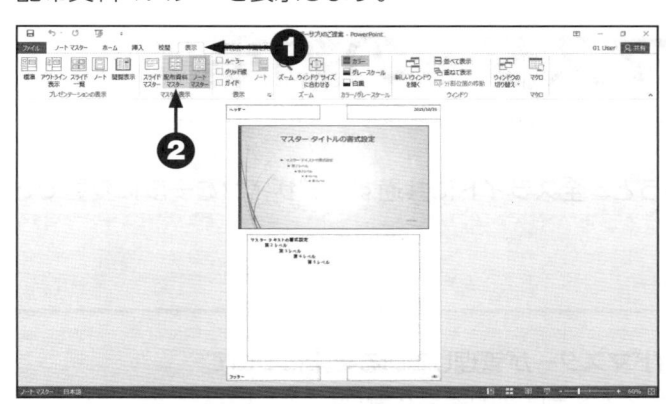

❶ [表示] タブをクリックします。

❷ [配布資料マスター] ボタンを
クリックします。

Step 8 配布資料マスターが表示されます。

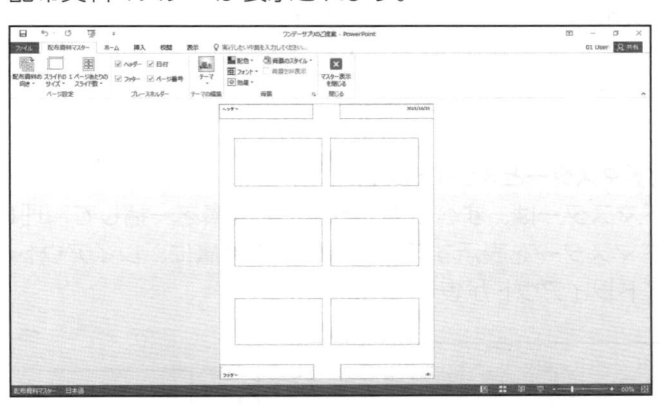

💡 ヒント

**[配布資料マスター]タ
ブ**
配布資料マスターを表示
すると、[ファイル] タブ
の右側に [配布資料マス
ター] タブが表示されま
す。

Step 9 最後に、スライドマスターの表示に戻しておきます。

スライドマスターの編集

スライドマスターを使うと、全スライドに共通するデザインを一度に変更できるので、作業効率が向上します。

■スライドマスターが管理している要素について
スライドマスターは次の要素を管理しています。

・プレースホルダーのサイズ、位置、書式
・プレースホルダー内の文字列のスタイル
・プレースホルダー内の箇条書きと段落番号のスタイル
・背景や配色、効果などの情報

■スライドマスターとスライドレイアウト
スライドマスターは、すべてのスライドの要素を一括して管理しているスライドです。スライドマスターを表示すると、その下の階層に、レイアウトの種類ごとに管理できるスライドレイアウトが表示されます。

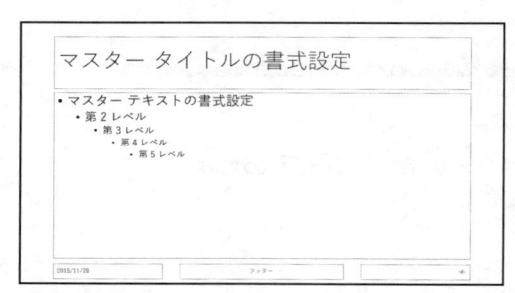

スライドマスター

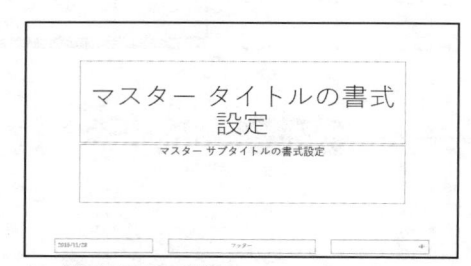

タイトルスライド

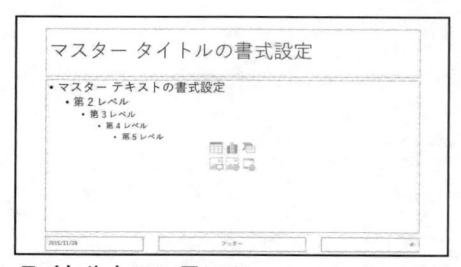

タイトルとコンテンツ

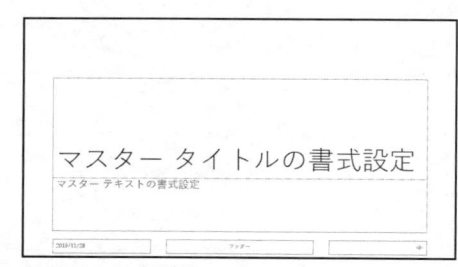

セクション見出し

2つのコンテンツ

比較

タイトルのみ

白紙

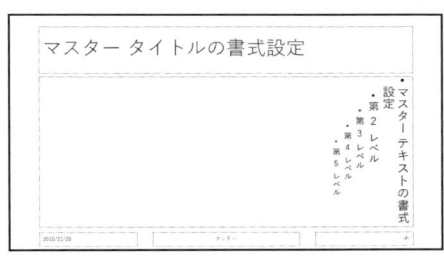

タイトル付きのコンテンツ

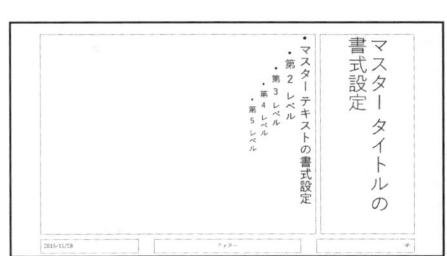

タイトル付きの図

タイトルと縦書きテキスト

縦書きタイトルと縦書きテキスト

スライドマスターのタイトル領域にスタイルを設定し、フォントサイズを40にしましょう。

Step 1 タイトル領域を選択し、[ワードアートのスタイル] の一覧を表示します。

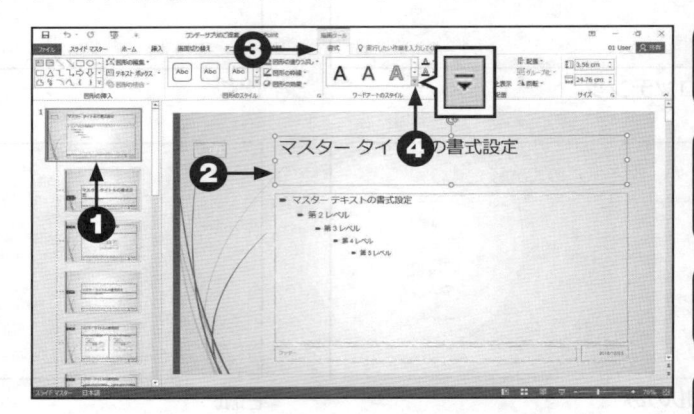

❶ [スライドマスター] のサムネイルをクリックします。

❷ タイトル領域のプレースホルダーの外枠をクリックして選択します。

❸ [描画ツール] の [書式] タブをクリックします。

❹ [ワードアートのスタイル] の [その他] ボタンをクリックします。

Step 2 タイトル領域にスタイルを設定します。

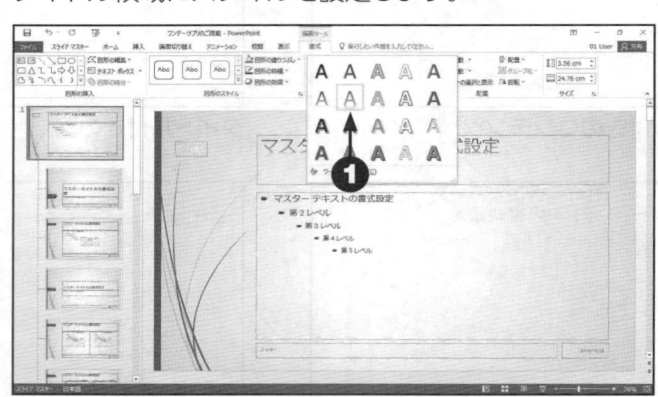

❶ [塗りつぶし (グラデーション) -オリーブ、アクセント5、反射] をクリックします。

Step 3 タイトル領域のフォントサイズを変更します。

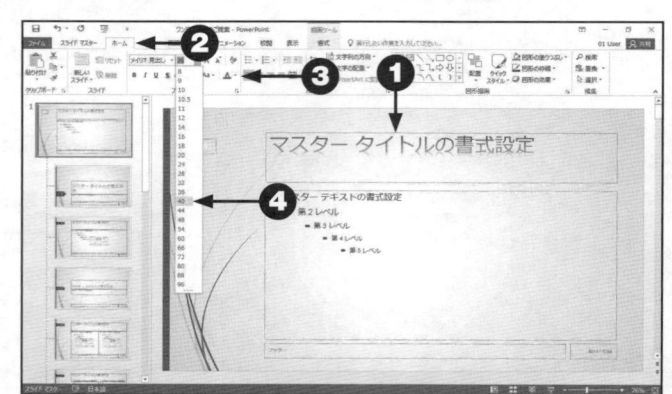

❶ タイトル領域が選択されていることを確認します。

❷ [ホーム] タブをクリックします。

❸ [フォントサイズ] ボックスの▼をクリックします。

❹ 一覧から [40] をクリックします。

操作 ☞ スライドマスターの箇条書きの書式を変更する

箇条書きの行頭文字と色を変更しましょう。

Step 1 スライドマスターが選択されていることを確認します。

Step 2 [箇条書きと段落番号] ダイアログボックスを開きます。

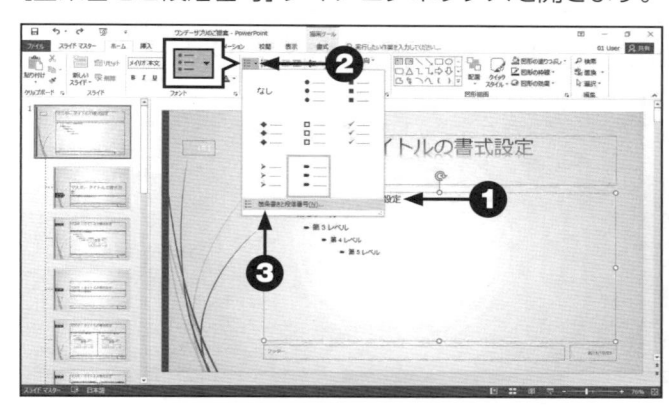

❶ 第1レベルの箇条書きの文字をクリックし、カーソルを表示します。

❷ [箇条書き] ボタンの▼をクリックします。

❸ [箇条書きと段落番号] をクリックします。

Step 3 第1レベルの箇条書きの行頭文字の種類と色を変更します。

💡 ヒント

行頭文字のサイズ
　[箇条書きと段落番号] のダイアログボックスの [箇条書き] タブにある [サイズ] ボックスの値を変更すると、行頭文字のサイズをパーセント単位で変更することができます。

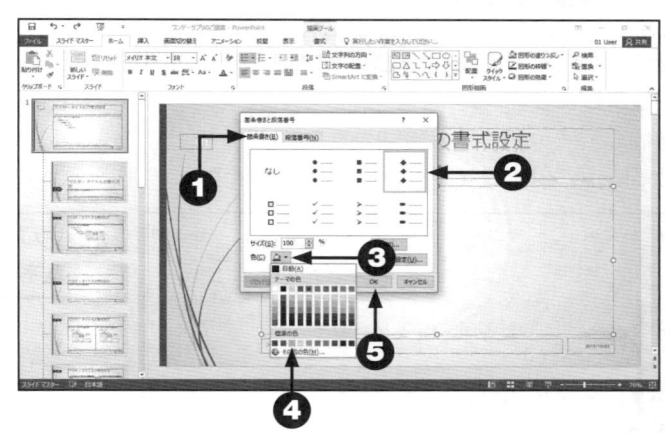

❶ [箇条書き] タブが表示されていることを確認します。

❷ 塗りつぶしひし形の行頭文字（1行目の右から1列目）をクリックします。

❸ [色] ボックスの▼をクリックします。

❹ [標準の色] の [オレンジ] をクリックします。

❺ [OK] をクリックします。

Step 4 箇条書きの行頭文字と色が変更されたことを確認します。

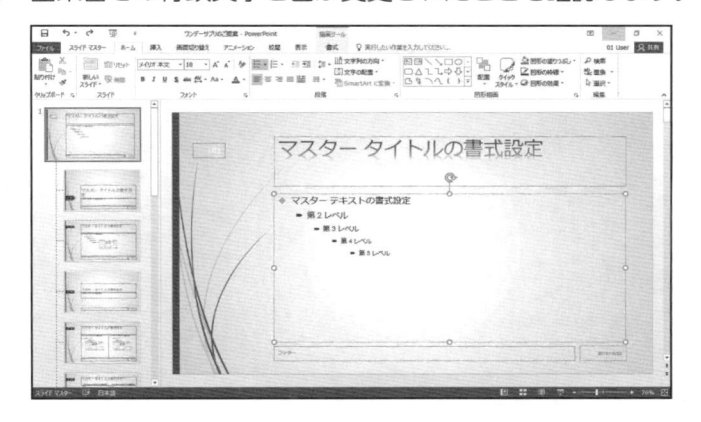

Step 5 同様にして第2レベルの箇条書きの行頭文字を、[矢印の行頭文字]（2行目の右から2列目）にして、[標準の色]の[薄い青]の色に変更します。

Step 6 同様にして第3レベルの箇条書きの行頭文字を[四角の行頭文字]（2行目の左から1列目）にして、[標準の色]の[薄い緑]の色に変更します。

Step 7 箇条書きの行頭文字と色が変更されたことを確認します。

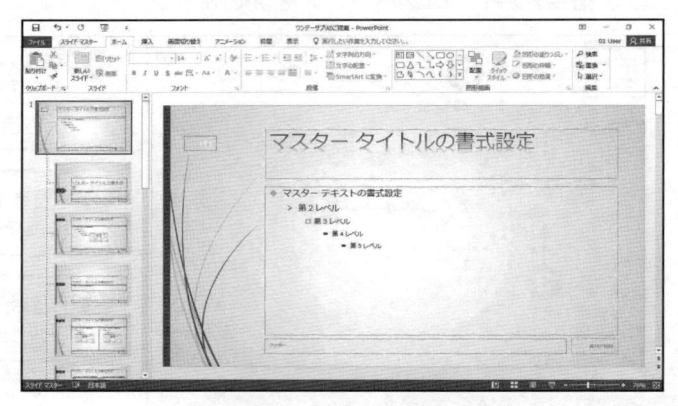

操作 👉 スライドレイアウトに変更を加える

[タイトルとコンテンツ]のレイアウトで、プレースホルダーの移動とサイズの変更を行い、直線を追加しましょう。

Step 1 [タイトルとコンテンツ]レイアウトに切り替えます。

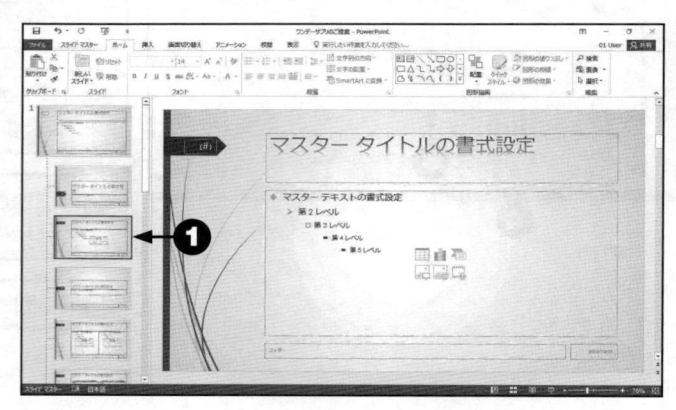

❶ [タイトルとコンテンツ]のサムネイルをクリックします。

Step 2 タイトル領域のプレースホルダーを選択します。

💡 ヒント
スマートガイド
プレースホルダーを移動
するとき、スマートガイ
ドと呼ばれる破線が表示
されます。この場合縦方
向に移動するので、ス
マートガイドを目安にし
てプレースホルダーが横
にずれないように移動し
ます。

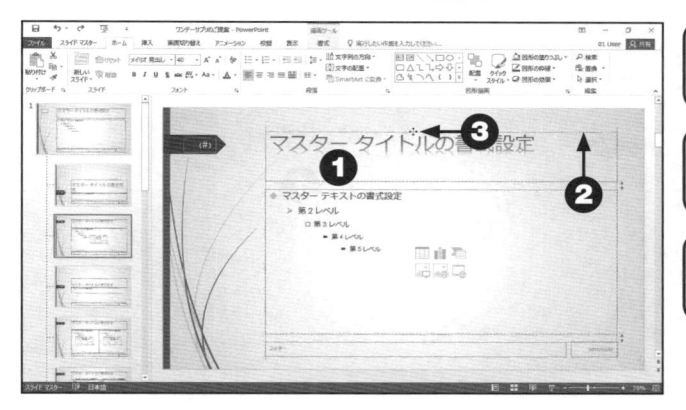

❶ タイトル領域のプレースホル
ダーをクリックします。

❷ タイトル領域のプレースホル
ダーの上辺をクリックします。

❸ マウスポインタの形が ✛ に
なっていることを確認します。

Step 3 タイトル領域のプレースホルダーを移動します。

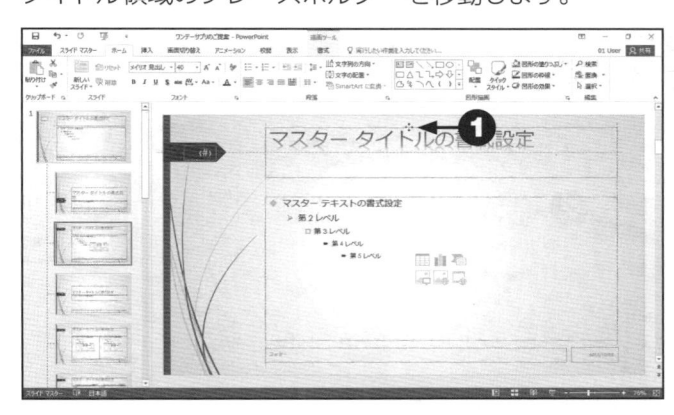

❶ タイトル領域のプレースホル
ダーを上方向に移動します。

Step 4 オブジェクト領域のプレースホルダーを選択します。

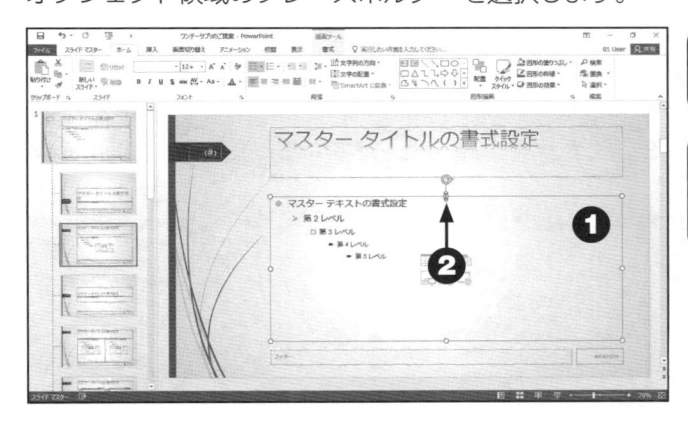

❶ オブジェクト領域のプレース
ホルダーをクリックします。

❷ 上辺のハンドルをポイントし
てマウスポインタの形が ↕ に
なっていることを確認します。

Step 5 オブジェクト領域のプレースホルダーのサイズを変更します。

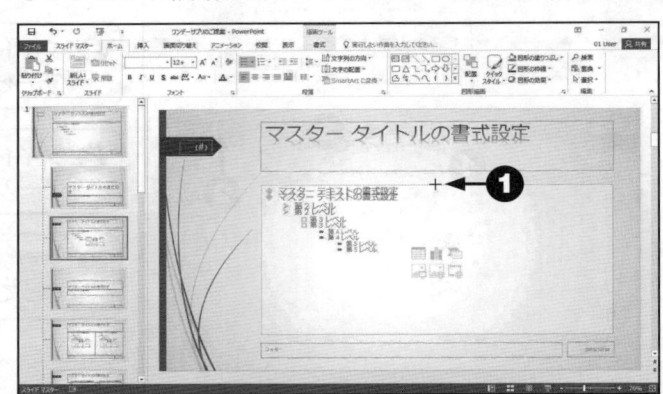

① 上方向にドラッグします。

Step 6 オブジェクト領域以外の空白部分をクリックして選択を解除します。

Step 7 [図形] の一覧を表示します。

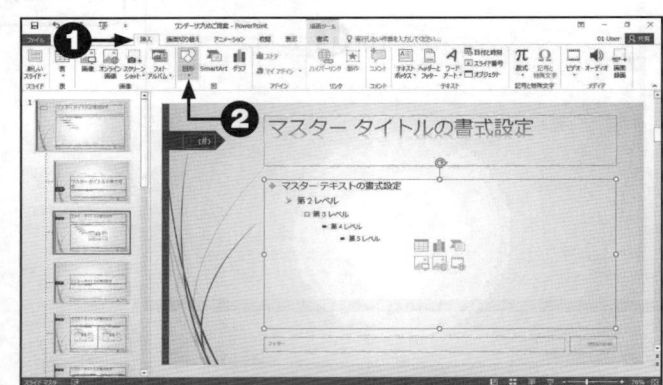

① [挿入] タブをクリックします。

② [図形] ボタンをクリックします。

💡 ヒント

図形の挿入方法
[ホーム] タブの [図形]
ボタンをクリックしても、
図形を挿入できます。

Step 8 直線を選択します。

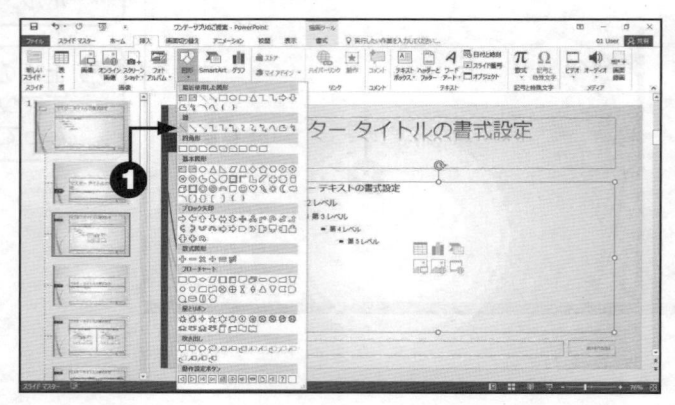

① [直線] をクリックします。

Step 9　直線を引きます。

⚠ 重要
Shiftキーの役割
マウスを使用して直線を引く場合、うまく水平にならないことがあります。そのようなときは、Shiftキーを押しながら直線を引くと、水平線や垂直線を引くことができます。同様にShiftキーを押しながら四角形を描くと正方形を、Shiftキーを押しながら楕円を描くと真円を、それぞれ描くことができます。

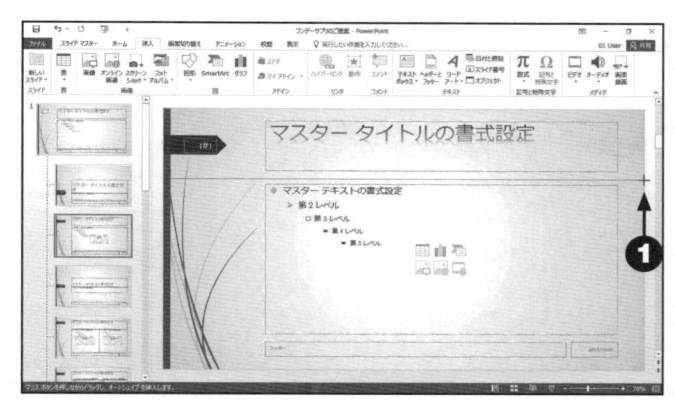

❶ **Shift**キーを押したままスライドの左端から右端まで線を引きます。

Step 10　直線のスタイルの一覧を表示します。

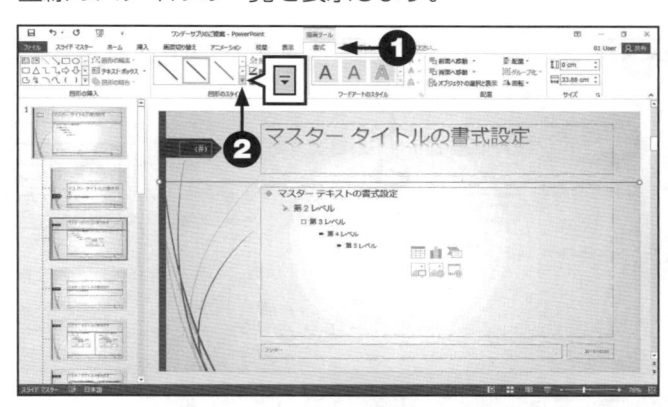

❶ [描画ツール] の [書式] タブが選択されていることを確認します。

❷ [図形のスタイル] グループの [その他] ボタンをクリックします。

Step 11　直線のスタイルを変更します。

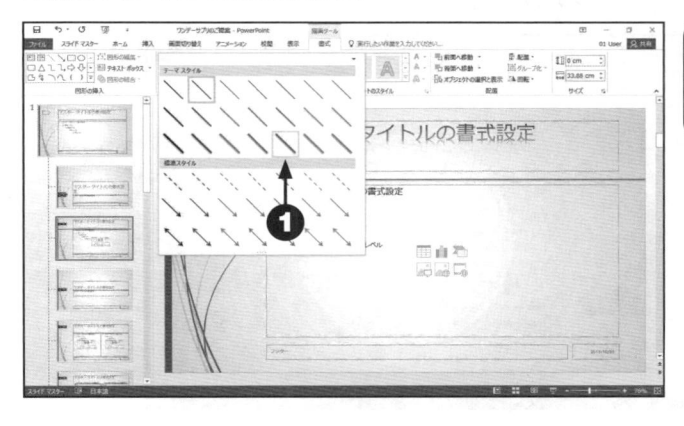

❶ [テーマ スタイル] の [光沢（線）-アクセント4] をクリックします。

Step 12 直線の色と太さが変わったことを確認します。

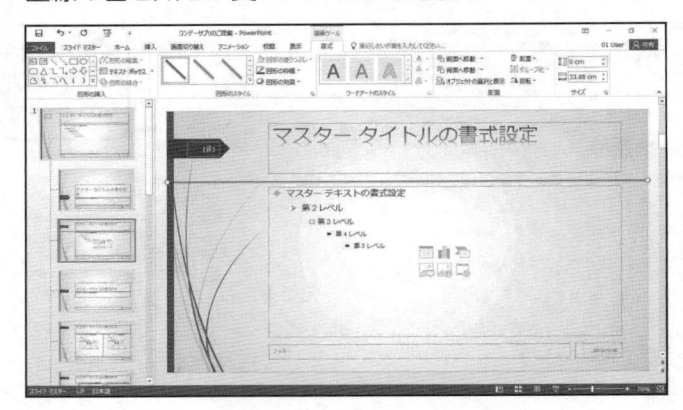

操作 マスターを閉じる

Step 1 [スライドマスター] タブに切り替えます。

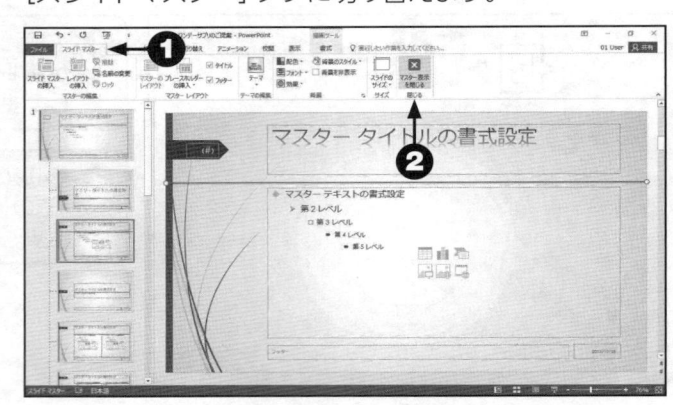

❶ [スライドマスター] タブをクリックします。

❷ [マスター表示を閉じる] ボタンをクリックします。

Step 2 標準表示に切り替わったことを確認します。

💡 ヒント

[表示]タブからマスター表示を切り替える
[表示] タブの [標準] ボタンをクリックしても、標準表示に切り替えることができます。

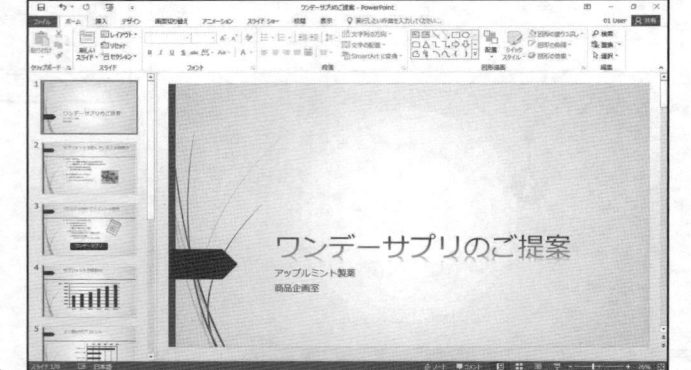

Step 3 3枚目のスライドに切り替えて、変更箇所を確認します。

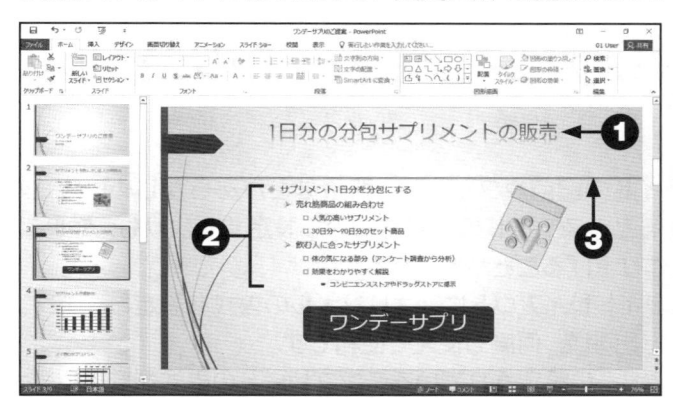

❶ タイトルが40ポイントになっていることを確認します。

❷ 第1レベル、第2レベル、第3レベルの行頭文字が変更されたことを確認します。

❸ 直線が引かれていることを確認します。

Step 4 「ワンデーサプリのご提案（マスター変更）」という名前を付けて、[保存用] フォルダーに保存します。

Step 5 [ファイル] タブの [閉じる] をクリックし、ファイルを閉じます。

💡 ヒント **スライドの効率的な編集手順**

スライドの編集には、以下の操作方法があります。
1　スライドマスターを編集
2　各スライドレイアウトを編集
3　スライドを直接編集

1の操作を行ったあと2の操作を行うと、編集内容が上書きされます。さらに、3の操作を行うと、それが上書きされます。したがって、全体から個別（1から3）の順序で操作した方が効率的な編集を行うことができます。

⚠ 重要 **デザインが適用されない場合**

すでに作成済みのプレゼンテーションに、スライドマスターで設定を行うと、一部のスライドレイアウトには書式が適用されない場合があります。また、選択しているテーマによっては、デザインが適用されないスライドもあります。その場合は、スライドマスターの個々のスライドレイアウトからデザインを変更します

オリジナルテンプレートの作成

テンプレートは、スライドの配色やフォント、背景などがあらかじめ設定されているひな形です。
テンプレートを使用すると、スライドの書式を一から設定するよりも、短時間で見栄えを統一した
プレゼンテーションを作り上げることができます。
スライドマスターとスライドレイアウトに、オリジナルの書式を設定し、テンプレートとして保存す
ると、ほかのテンプレート同様、何度も使えて便利です。
ここでは、スライドマスターに設定されているテンプレートの書式を変更し、オリジナルテンプレー
トを作成します。

テンプレートとしては、以下のようなものがあります。

■新しいプレゼンテーション（Officeテーマ）

新規作成したプレゼンテーションは、基本のテンプレートである［Officeテーマ］が設
定されています。といっても背景が白の単純なテンプレートで、これにさまざまな設
定をしていくことになります。

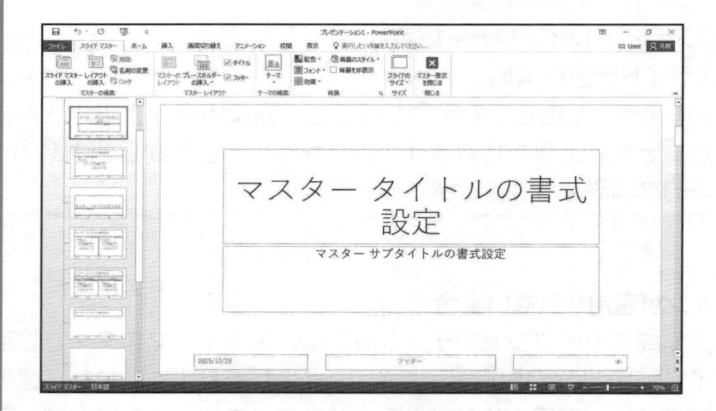

■オリジナルテンプレート

ユーザーが作成したオリジナルのテンプレートです。

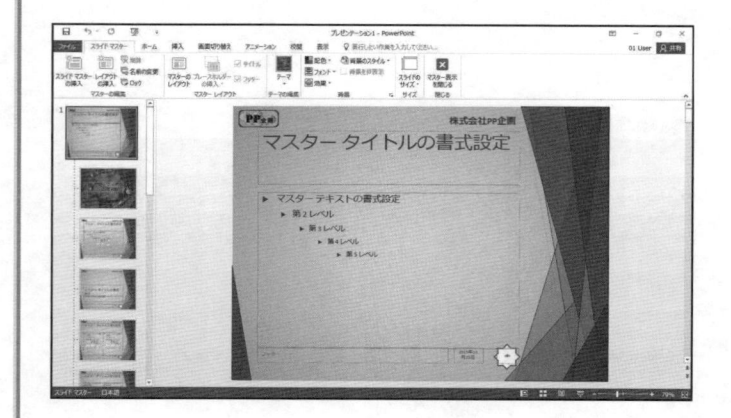

■既存のテンプレート

テンプレートは、初期状態でいくつかがパソコンにインストールされていますが、種類は多くありません。多様なテンプレートはインターネットを経由して提供されています（オンラインテンプレート）。

・スライドマスターに設定できる主な書式
■テーマ

あらかじめ用意されている40種類ほどのテーマと、テーマごとに4種類のバリエーションを利用できます。スライドマスターにテーマを設定すると、背景、テキスト、グラフィック、グラフ、表などの色やスタイルが各スライドに反映されます。

■背景

スライドマスターやスライドレイアウトの背景には、グラデーション、テクスチャ、スタイル、画像などを設定することができます。選択しているテーマなどによって表示される一覧の内容が異なります。

・設定できるスタイルの一覧の例

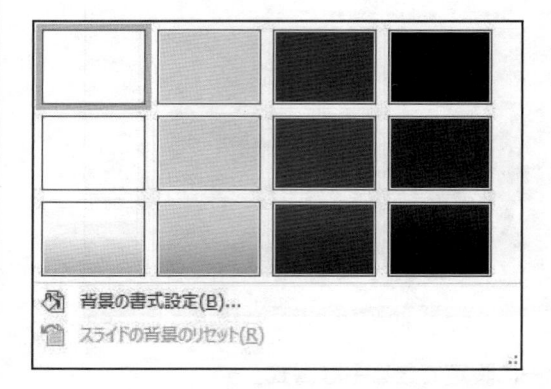

・設定できるグラデーションの一覧の例

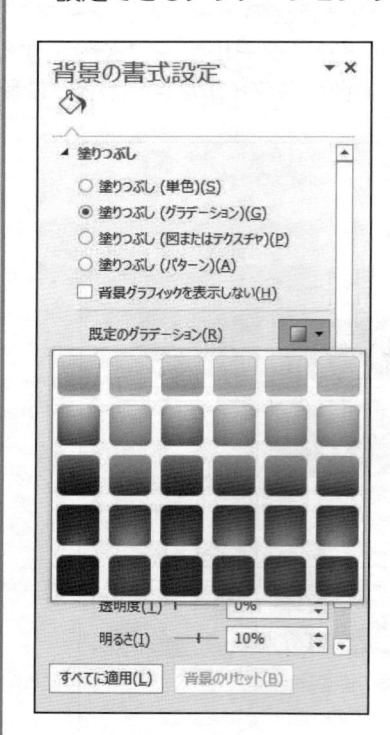

■図形

スライドマスターやスライドレイアウトには、図形を追加することができます。

・追加できる図形の一覧

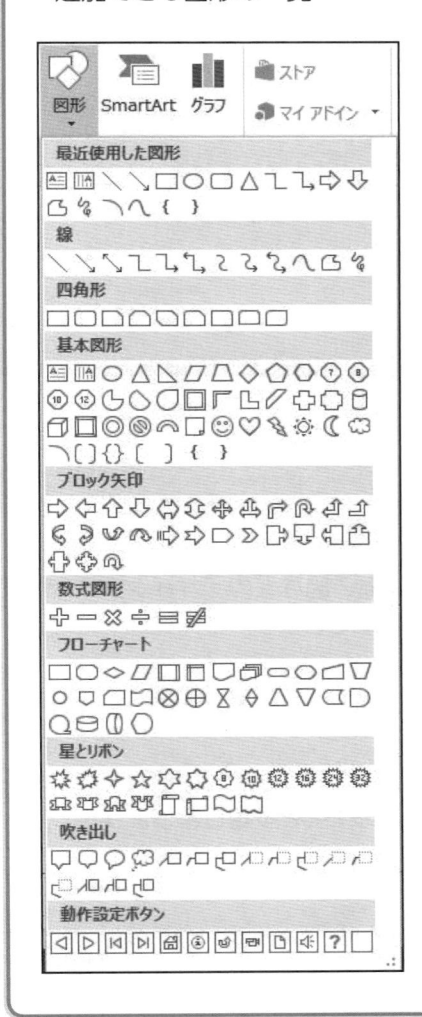

ヒント

スライドマスターの追加

1つのテンプレートには、複数のスライドマスターを設定することができます。スライドマスターを追加すると、現在のスライドマスターの下に、新しいスライドマスターが追加されます。左のペインにスライドマスター [2] と表示されます。

[2] と表示される

テーマの設定

スライドマスターにテーマを設定して、色、フォント、図などのデザイン要素を設定することができます。また、設定したテーマのデザイン要素を変更することができます。

操作　テーマを設定する

スライドマスターにテーマ [ファセット] を設定しましょう。

Step 1 ファイルを新規作成します。

重要

スライドのサイズ

[新しいプレゼンテーション] を選択して新規作成したプレゼンテーションのスライドのサイズは、ワイド画面（16：9）です。4：3の比率に変更する場合は、[デザイン] タブの [スライドのサイズ] をクリックして、[標準（4：3）] をクリックします。

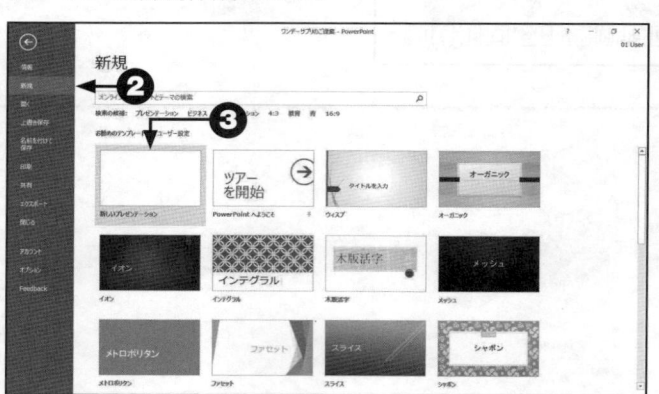

❶ [ファイル] タブをクリックします。

❷ [新規] をクリックします。

❸ [新しいプレゼンテーション] をクリックします。

Step 2 スライドのサイズを [標準 (4：3)] に変更します。

Step 3 スライドマスター表示に切り替えます。

Step 4 テーマの一覧を表示します。

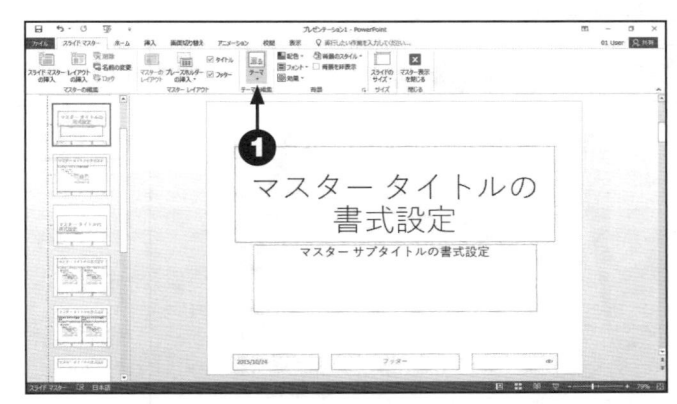

❶ [スライドマスター] タブの [テーマ] ボタンをクリックします。

Step 5 テーマを設定します。

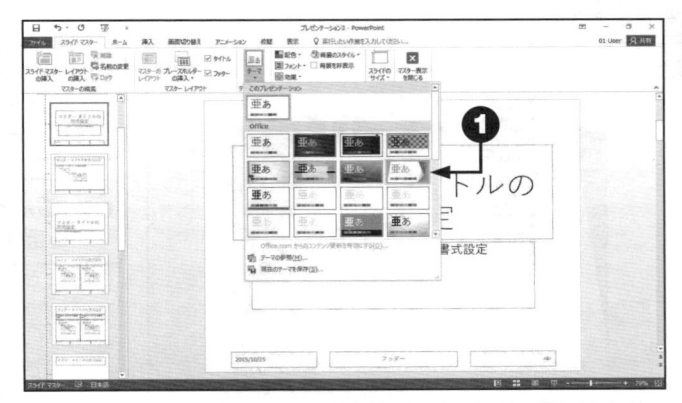

❶ [ファセット] をクリックします。

！ 重 要

テーマの設定
最初にどのスライドレイアウトを選択していても、テーマを設定するとスライド全体に反映されます。

Step 6 テーマ [ファセット] が設定されました。

スライドマスターに配色 [暖かみのある青] を設定しましょう。

Step 1 配色の一覧を表示します。

❶ [スライドマスター] タブの [配色] ボタンをクリックします。

Step 2 配色を設定します。

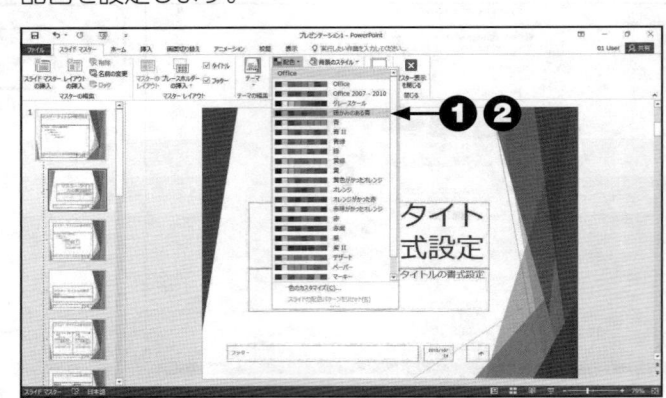

❶ [暖かみのある青] をポイントし、適用される配色をプレビューで確認します。

❷ [暖かみのある青] をクリックします。

Step 3 配色 [暖かみのある青] が設定されました。

操作👉 フォントパターンを設定する

. . . .

スライドマスターにテーマのフォント［メイリオ］を設定しましょう。

Step 1 テーマのフォントの一覧を表示します。

❶ ［スライドマスター］タブの
［フォント］ボタンをクリック
します。

Step 2 フォントを設定します。

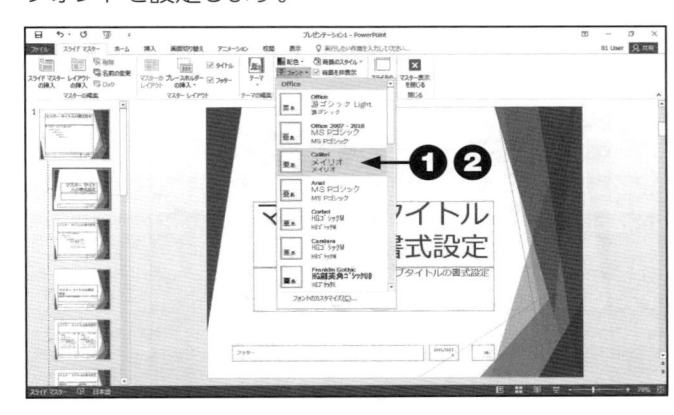

❶ ［メイリオ］をポイントし、適
用されるフォントをプレビュー
で確認します。

❷ ［メイリオ］をクリックします。

Step 3 テーマのフォント［メイリオ］が設定されました。

スライドマスターにテーマの効果 [すりガラス] を設定しましょう。

Step 1 テーマの効果の一覧を表示します。

❶ [スライドマスター] タブの [効果] ボタンをクリックします。

Step 2 テーマの効果を設定します。

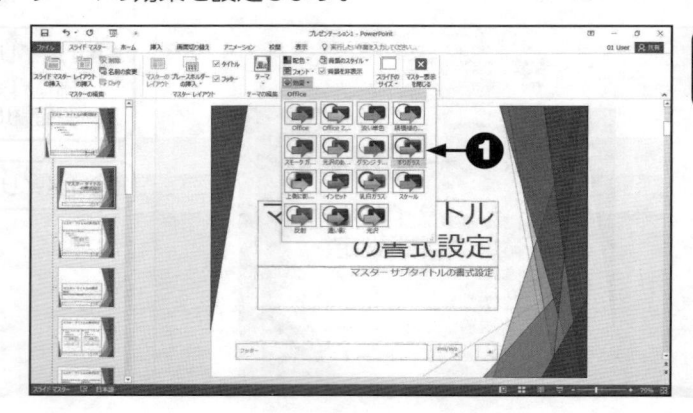

❶ [すりガラス] をクリックします。

Step 3 テーマの効果 [すりガラス] が設定されました。

💡 ヒント **テーマの効果**

テーマの効果は、線と塗りつぶしの効果を組み合わせたものです。たとえば挿入された図形などの枠線や塗りつぶしの効果を一度に変更するには、まず、図形を選択して [描画ツール] の [書式] タブをクリックします。次に [図形のスタイル] の [その他] ボタンをクリックして表示される図形のクイックスタイルの一覧からスタイルを選択します。一覧に表示されるスタイルは、適用したテーマの効果によって異なるので、好みのテーマの効果を選択しておくと、素早く外観を変更することができます。

操作 👉 テーマを保存する

設定したテーマに「オリジナル1」という名前を付けて保存しましょう。

Step 1　[現在のテーマを保存] ダイアログボックスを表示します。

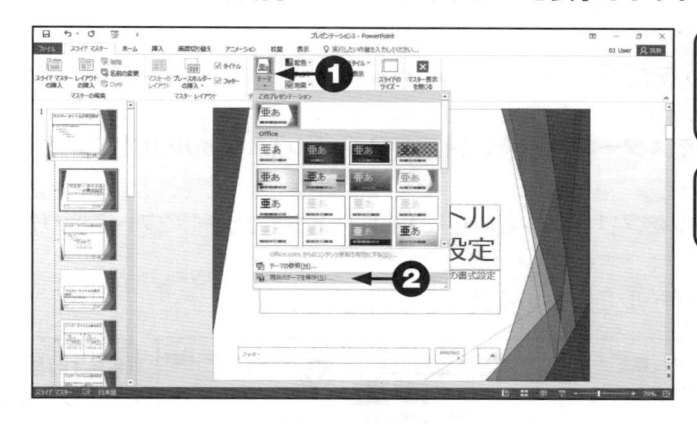

❶ [スライドマスター] タブの [テーマ] ボタンをクリックします。

❷ [現在のテーマを保存] をクリックします。

Step 2　「オリジナル1」という名前を付けて保存します。

⚠️ 重要

保存先フォルダー名

[現在のテーマを保存] ダイアログボックスの大きさによっては、[Document T...] のように保存先フォルダー名が一部省略されて表示されることがあります。この場合はダイアログボックスのサイズを大きくすると、フォルダー名全体が確認できます。

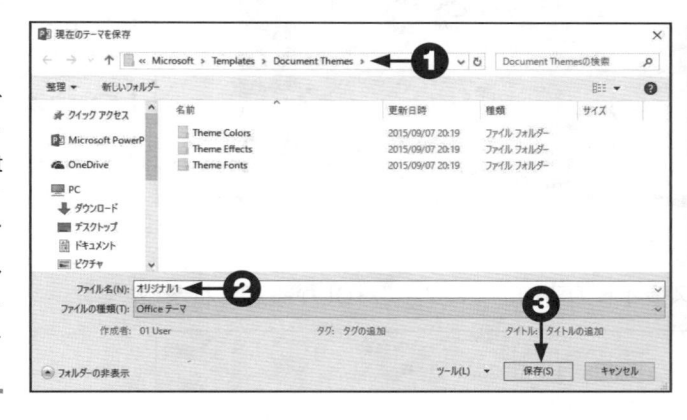

❶ 保存先フォルダーに [Document Themes] と表示されていることを確認します。

❷ [ファイル名] ボックスに「オリジナル1」と入力します。

❸ [保存] をクリックします。

Step 3　作成したテーマ「オリジナル1」がテーマの一覧に追加されていることを確認します。

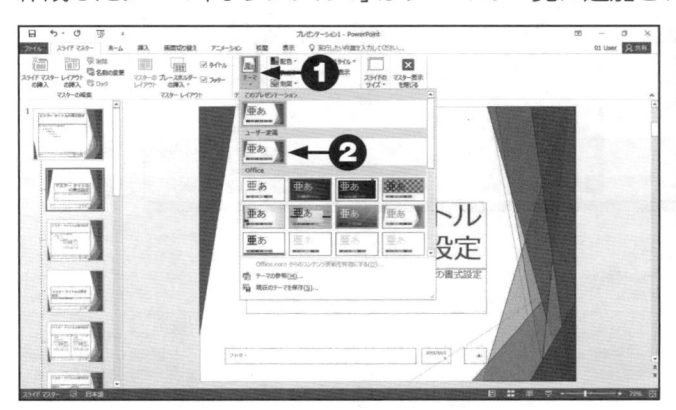

❶ [テーマ] ボタンをクリックします。

❷ テーマの一覧の [ユーザー定義] に「オリジナル1」が表示されることを確認します。

背景の設定

スライドマスターや個々のスライドレイアウトの背景に、塗りつぶし、テクスチャ、スタイル、画像などを設定することができます。

操作 👉 背景のスタイルを設定する

スライドマスターの背景に、背景のスタイル [スタイル10] を設定しましょう。

Step 1 サムネイルをクリックして、[スライドマスター] レイアウトに切り替えます。

Step 2 背景のスタイルを設定します。

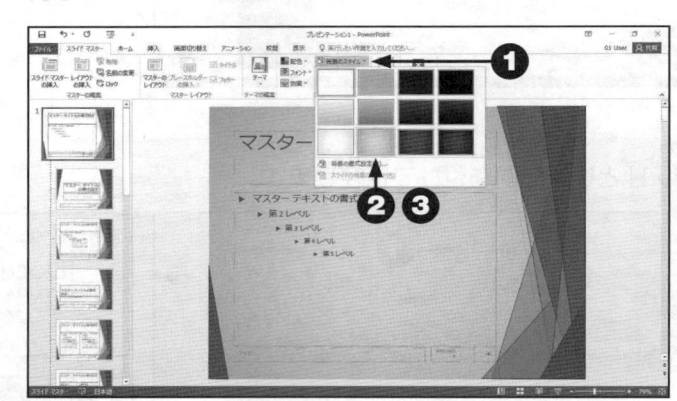

❶ [背景のスタイル] ボタンをクリックします。

❷ [スタイル10] をポイントし、適用されるスタイルを確認します。

❸ [スタイル10] をクリックします。

Step 3 すべてのスライドの背景に [スタイル 10] が設定されました。

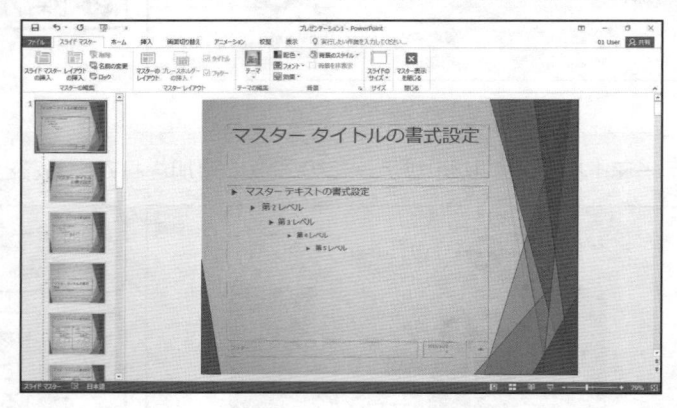

操作 👉 背景に画像を設定する

[タイトルスライド] レイアウトの背景に、画像「花」を設定しましょう。

Step 1 サムネイルをクリックして、[タイトルスライド] レイアウトに切り替えます。

Step 2 [背景の書式設定] ウィンドウを表示します。

💡 **ヒント**

[背景の書式設定]
ウィンドウ
[背景] グループの [背景の書式設定] ボタンをクリックしても、[背景の書式設定] ウィンドウを表示することができます。

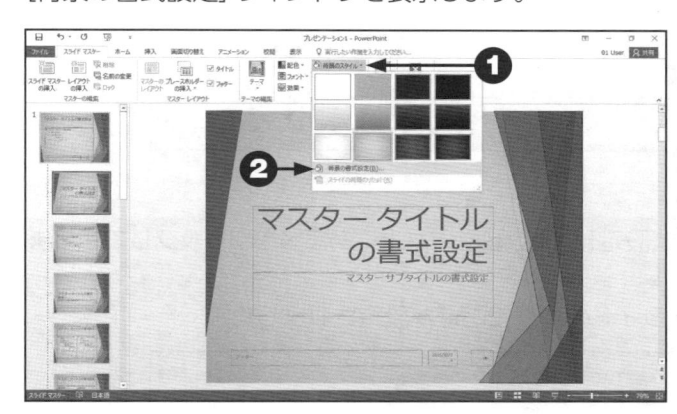

❶ [背景のスタイル] ボタンをクリックします。

❷ [背景の書式設定] をクリックします。

Step 3 [図の挿入] ダイアログボックスを表示します。

❶ [背景の書式設定] ウィンドウが開くので、[塗りつぶし（図またはテクスチャ）] をクリックしてオンにします。

❷ [図の挿入元] の [ファイル] をクリックします。

Step 4 画像のあるフォルダーを開きます。

❶ [ピクチャ] ライブラリが選択されている場合は、[Power Point2016応用] フォルダーを開きます。

Step 5 背景に画像を設定します。

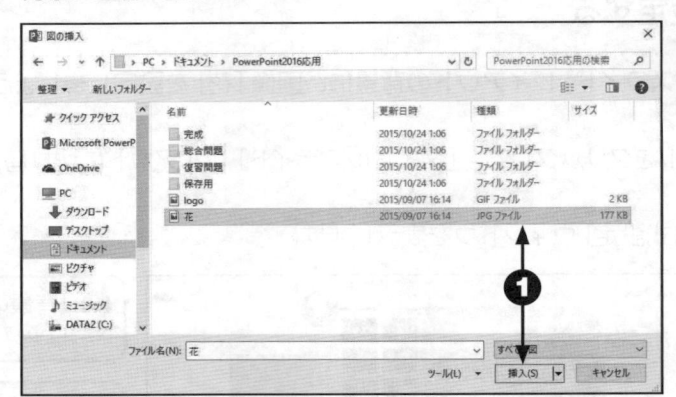

❶ 「花」をクリックし、挿入をクリックします。

Step 6 [背景の書式設定] ウィンドウの右上にある×をクリックして閉じます。

Step 7 タイトルスライドの背景に画像が設定されました。

操作 背景の書式を設定する

[タイトルとコンテンツ] レイアウトの背景に、グラデーション [薄いグラデーション - アクセント5] を設定しましょう。

Step 1 サムネイルをクリックして、[タイトルとコンテンツ] レイアウトに切り替えます。

Step 2 [背景の書式設定] ウィンドウを開きます。

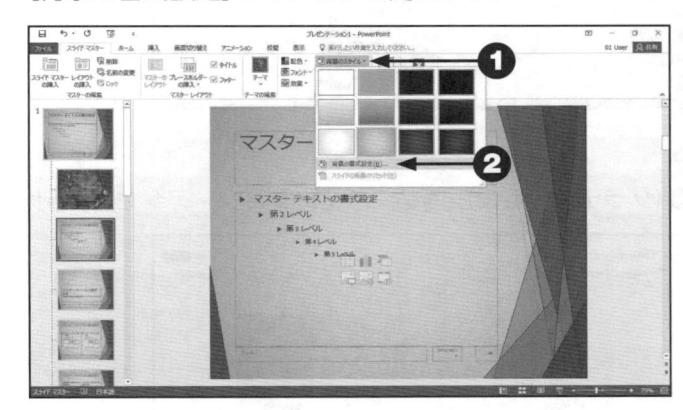

❶ [背景のスタイル] ボタンをクリックします。

❷ [背景の書式設定] をクリックします。

Step 3 塗りつぶし (グラデーション) を設定します。

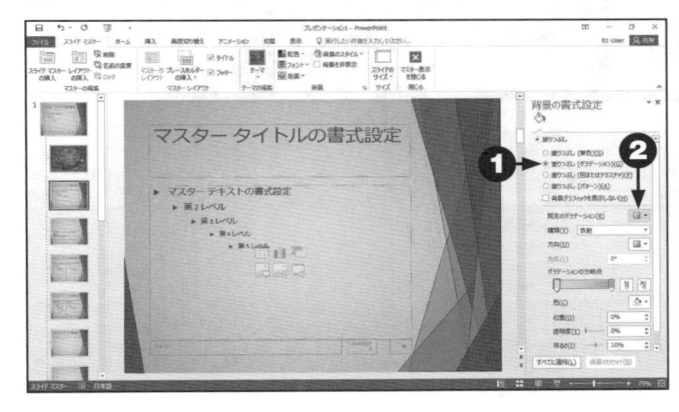

❶ [塗りつぶし（グラデーション）] が選択されていることを確認します。

❷ [既定のグラデーション] の▼をクリックします。

Step 4 塗りつぶし (グラデーション) [薄いグラデーション - アクセント5] を設定します。

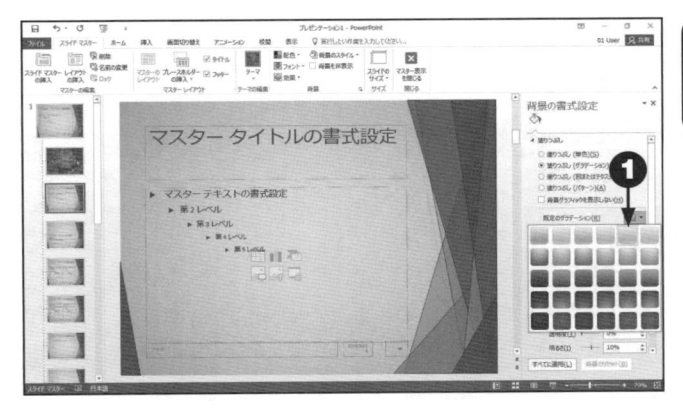

❶ [薄いグラデーション - アクセント5]（1行目右から2列目）をクリックします。

Step 5 [背景の書式設定] ウィンドウを閉じます。

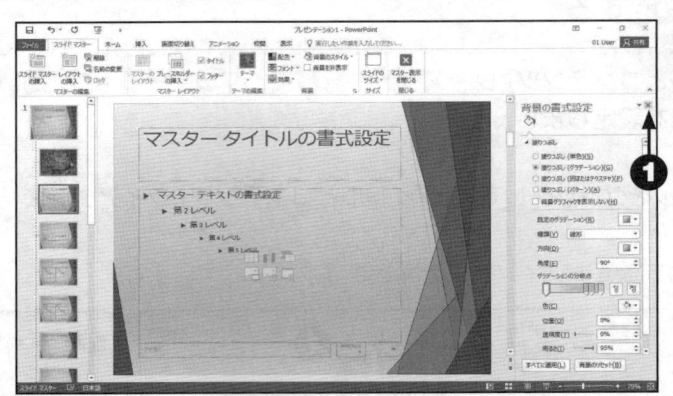

❶ [背景の書式設定] ウィンドウの右上にある×をクリックして閉じます。

Step 6 塗りつぶし (グラデーション) [薄いグラデーション - アクセント5] が設定されました。

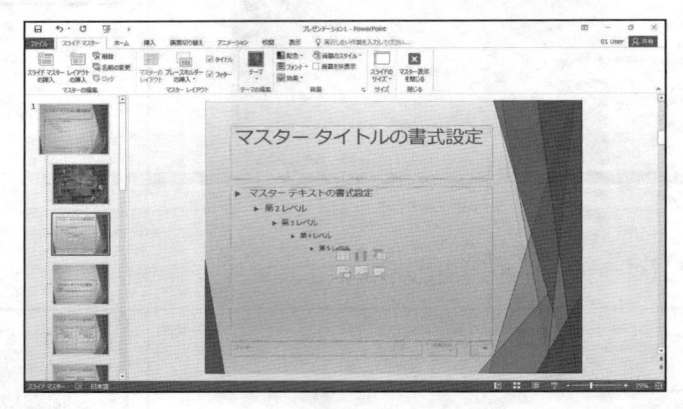

オリジナルのヘッダーとフッターの作成

日付、スライド番号、作成者名、注意書きなど、各スライドに共通して表示する情報は、テキストボックスまたはヘッダーとフッターを使ってスライドマスターに追加します。ヘッダーとフッターの表示位置は自由に変更できるので、スライド上ではヘッダーとフッターの区別がなく、テキストボックスをヘッダーやフッターとして使用することもできます。

操作 👉 テキストボックスを使ってヘッダーを作成する

テキストボックスを使って、タイトル領域の上に「株式会社PP企画」と表示するヘッダーを作成しましょう。

Step 1 サムネイルをクリックして、[スライドマスター] レイアウトを表示します。

Step 2 テキストボックスを描きます。

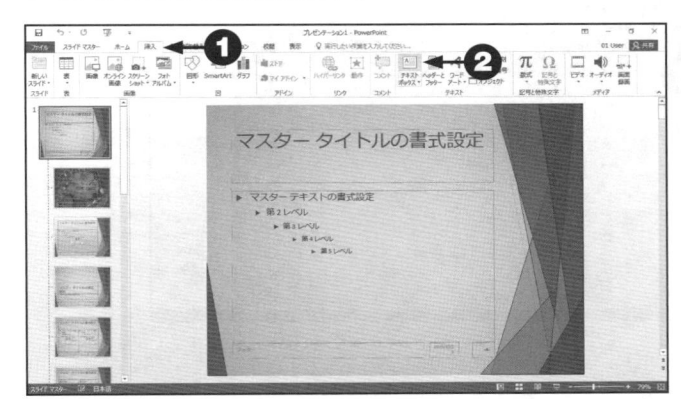

❶ [挿入] タブをクリックします。

❷ [テキストボックス] ボタンをクリックします。

Step 3 テキストボックスを作成します。

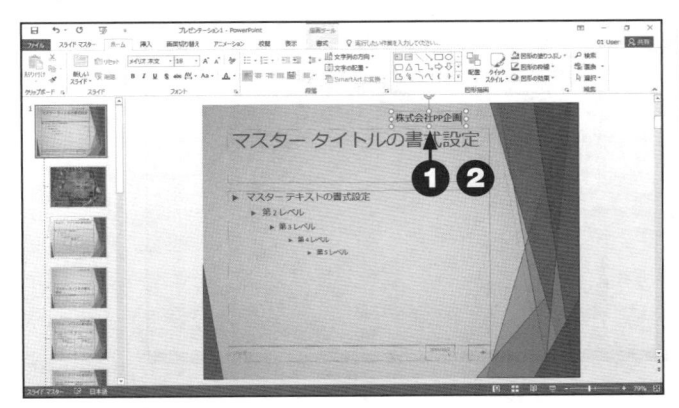

❶ タイトル領域のプレースホルダーの右上でマウスをクリックして、テキストボックスを作成します。

❷ 「株式会社PP企画」と入力します。

Step 4 テキストボックスの文字の色を設定します。

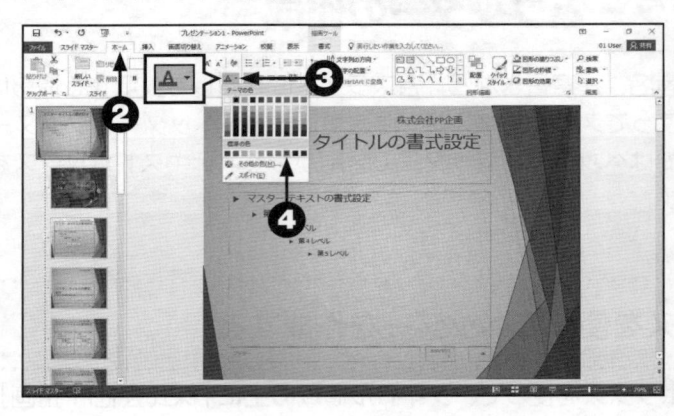

重要

テキストボックスの選択

テキストボックスを選択する場合は、テキストボックスの外枠をクリックします。テキストボックス内にカーソルが表示されている場合は、フォントの色を変更することができません。

❶ テキストボックスを選択します。

❷ [ホーム] タブが表示されていることを確認します。

❸ [フォントの色] ボタンの▼をクリックします。

❹ [標準の色] の [青] をクリックします。

Step 5 テキストボックスの文字を太字に設定します。

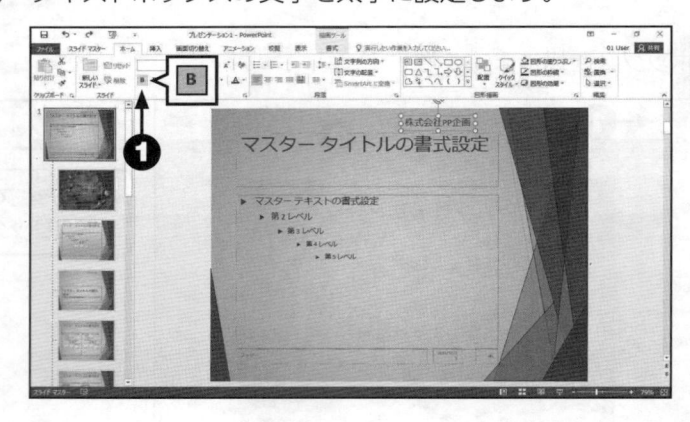

❶ [太字] ボタンをクリックします。

Step 6 図を参考に、テキストボックスの右辺とタイトル領域の右辺が揃うようにドラッグして移動します。

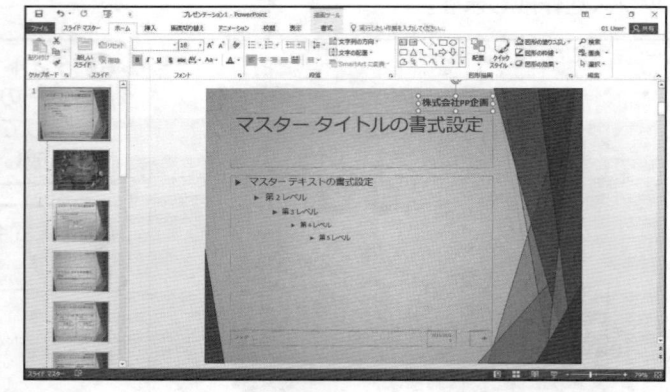

ヒント

スマートガイドを使った整列

テキストボックスや図形などのオブジェクトを移動するとき、他のオブジェクトと端の位置が一致したり、均等に配置されたりすると、破線のスマートガイドが表示されます。スマートガイドに合わせてオブジェクトを配置することで、正確に整列することができます。

[ヘッダーとフッター] ダイアログボックスでは、日付と時刻、スライド番号、フッターの表示領域を作成できます。現在の日付を太字で、スライド番号を図形の [星8] で囲んで、表示する領域を作成しましょう。

Step 1 スライドマスターのサムネイルが選択されていることを確認します。

Step 2 [挿入] タブをクリックし、[ヘッダーとフッター] ボタンをクリックして [ヘッダーとフッター] ダイアログボックスを開きます。

Step3 [日付と時刻] と [スライド番号] を設定します。

💡 **ヒント**

[日付と時刻] の表示
[自動更新] を選択すると、スライドを表示した時点の日付および時刻が表示されます。[固定] を選択すると、そこに書き込んだ文字列が常に表示されます。

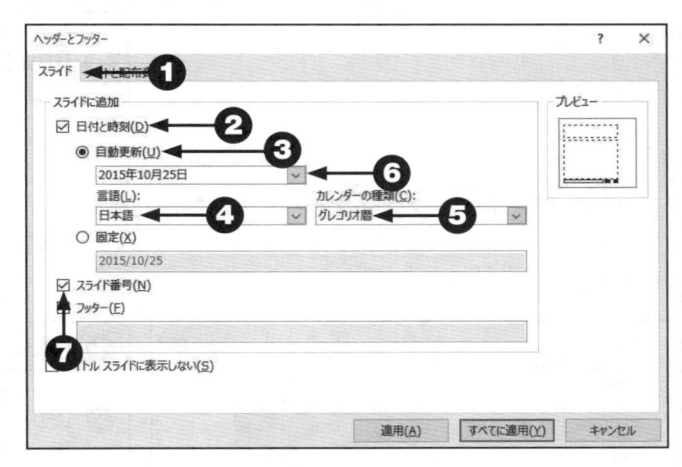

❶ [スライド] タブが選択されていることを確認します。

❷ [日付と時刻] チェックボックスをクリックしてオンにします。

❸ [自動更新] がオンであることを確認します。

❹ [言語] が [日本語] であることを確認します。

❺ [カレンダーの種類] が [グレゴリオ暦] であることを確認します。

❻ [自動更新] 右の▼をクリックし、[xxxx年x月x日] をクリックします。

❼ [スライド番号] チェックボックスをオンにします。

Step 4 [フッター] とタイトルスライドについての設定をします。

💡 **ヒント**

タイトルスライドに表示しない
[タイトルスライドに表示しない] チェックボックスをオンにすると、[タイトルスライド] レイアウトのスライドには日付と時刻、スライド番号、フッターが表示されません。

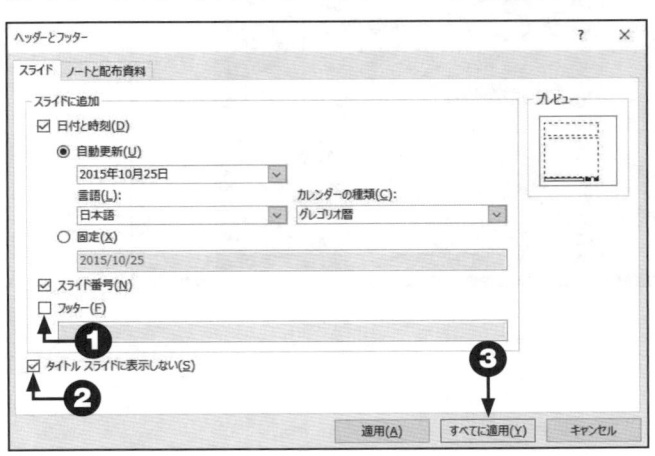

❶ [フッター] チェックボックスがオフであることを確認します。

❷ [タイトルスライドに表示しない] チェックボックスをオンにします。

❸ [すべてに適用] をクリックします。

日付と時刻領域とスライド番号領域の文字書式を変更します。

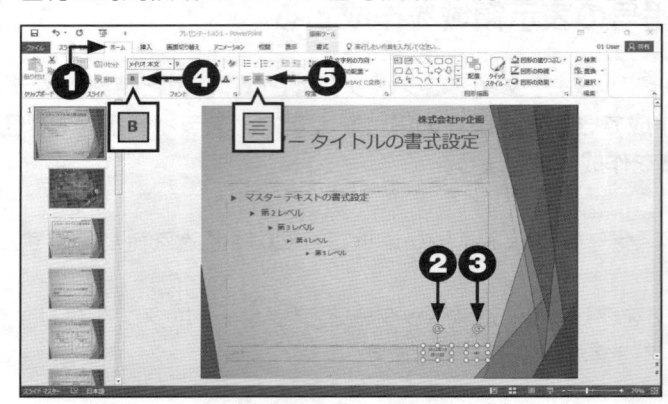

❶ [ホーム] タブをクリックします。

❷ [日付と時刻領域] をクリックします。

❸ Shiftキーを押したまま、[スライド番号領域] をクリックします。

❹ [太字] ボタンをクリックします。

❺ [中央揃え] ボタンをクリックします。

Step 6 オブジェクト以外の空白部分をクリックして選択を解除します。

Step 7 図形を選択します。

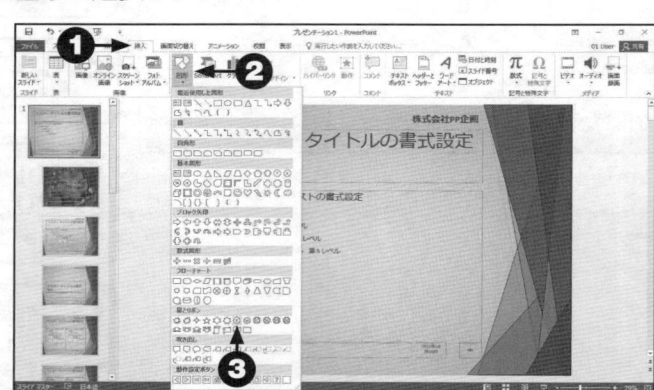

❶ [挿入] タブをクリックします。

❷ [図形] ボタンをクリックします。

❸ [星とリボン] の [星8] をクリックします。

Step 8 スライド番号領域に図形を追加します。

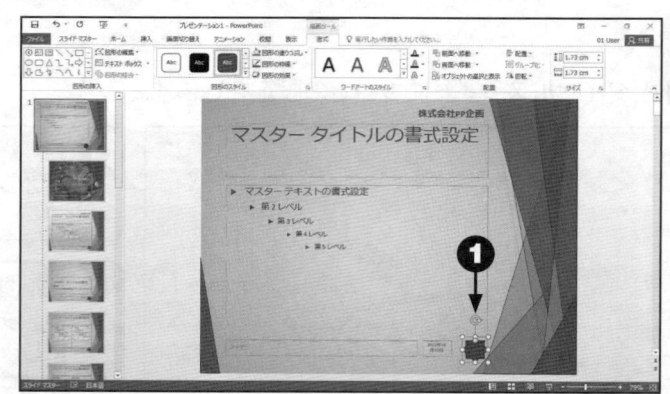

❶ スライド番号領域をドラッグして図形を描きます。

Step 9 図形のスタイルを変更します。

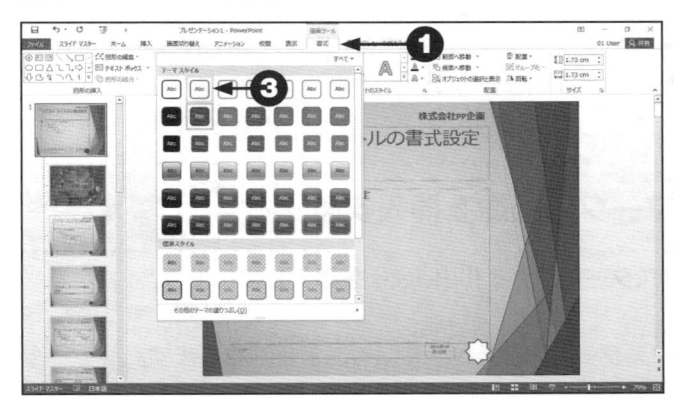

❶ ［描画ツール］の［書式］タブが選択されていることを確認します。

❷ ［図形のスタイル］グループの［その他］ボタンをクリックします。

❸ ［枠線のみ - ブルーグレー、アクセント1］（1行目左から2列目）をクリックします。

Step 10 図形のスタイルが変更されました。

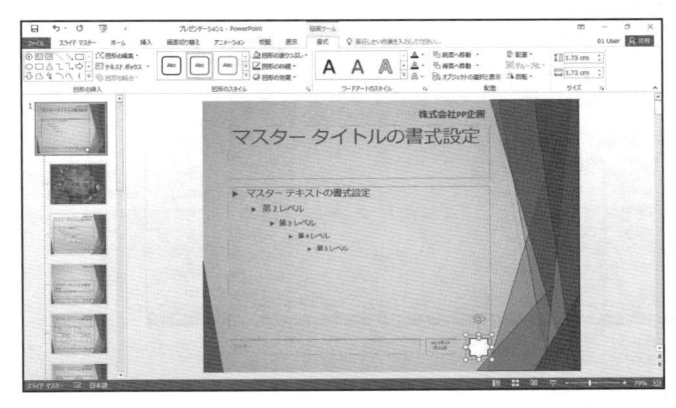

Step 11 図形を背面に移動します。

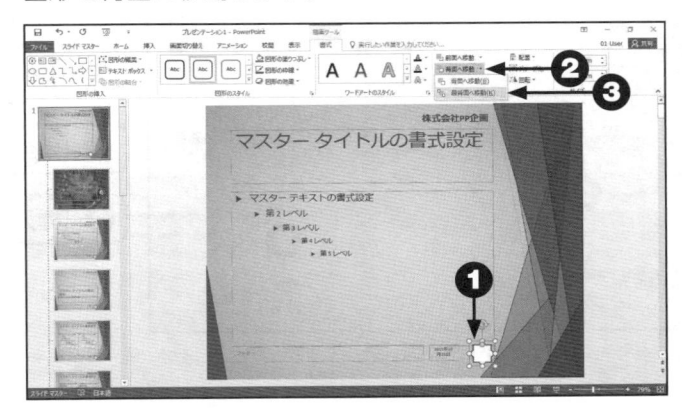

❶ 図形が選択されていることを確認します。

❷ ［背面へ移動］ボタンの▼をクリックします。

❸ ［最背面へ移動］をクリックします。

❹ 図形の選択を解除します。

Step 12 図形のスタイルが変更されて、背面に移動したことを確認します。

図の挿入

全スライドに共通に表示される図を挿入しましょう。

操作 ☞ **スライドにロゴマークの画像を挿入する**

スライドマスターにファイル「logo」を挿入しましょう。

Step 1 [スライドマスター] が選択されていることを確認します。

Step 2 [図の挿入] ダイアログボックスを開きます。

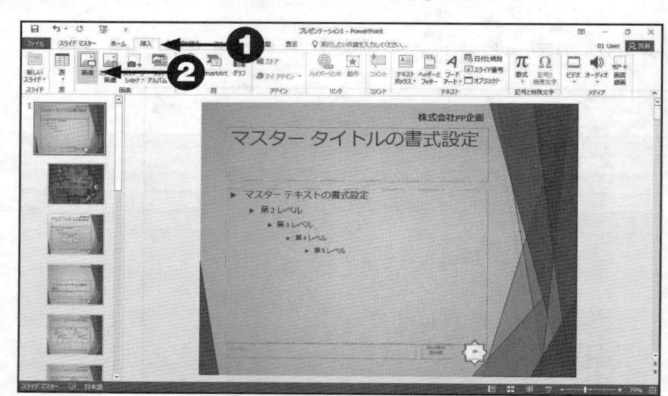

❶ [挿入] タブをクリックします。

❷ [画像] ボタンをクリックします。

Step 3 挿入する画像を指定します。

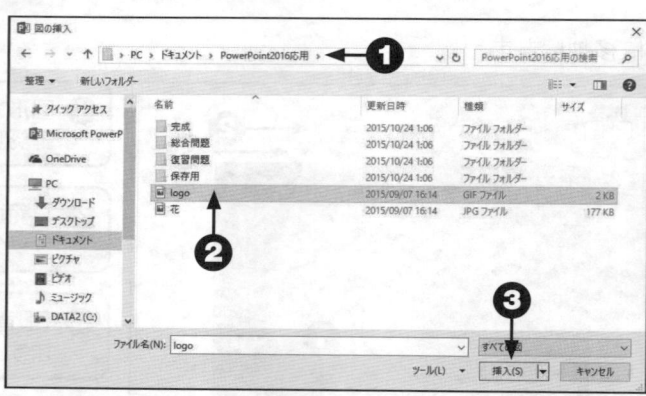

❶ [ピクチャ] ライブラリが選択されている場合は、[Power Point2016応用] フォルダーを開きます。

❷ 「logo」をクリックします。

❸ [挿入] をクリックします。

Step 4 スライドマスターにロゴが挿入されました。

Step 5 ロゴをスライドの左上に移動します。

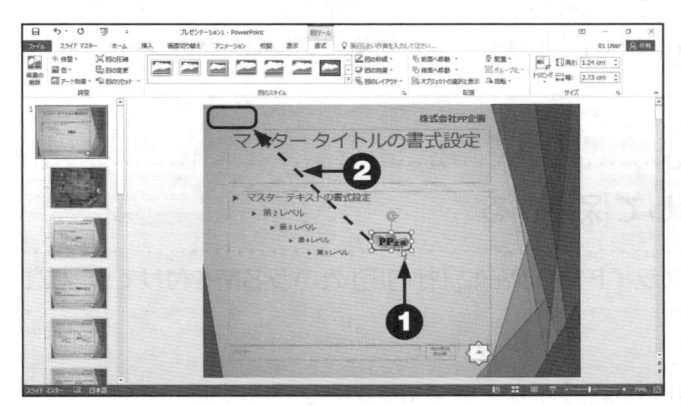

❶ ロゴをポイントしてマウスポインタの形が になっていることを確認します。

❷ スライドの左上までドラッグします。

Step 6 ロゴがスライドの左上に移動したことを確認します。

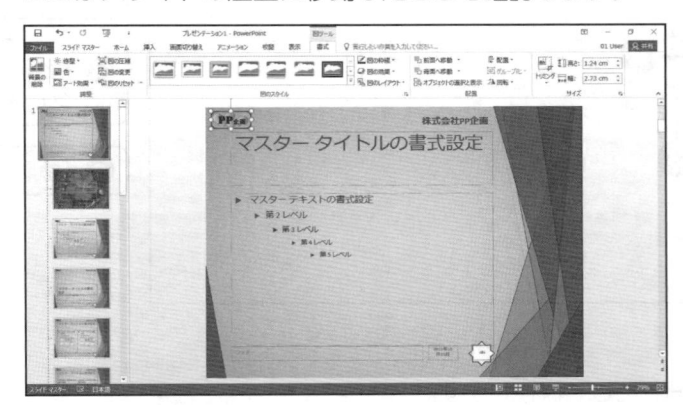

Step 7 スライドマスター表示を閉じます。

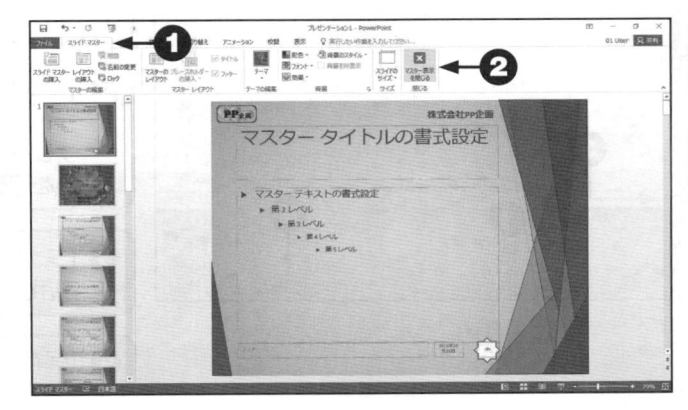

❶ [スライドマスター] タブをクリックします。

❷ [マスター表示を閉じる] ボタンをクリックします。

オリジナルテンプレートとして保存

独自に作成したテンプレートは、保存しておくことができます。通常は[マイドキュメント]フォルダーの中にある[Officeのカスタムテンプレート]に保存され、新規のプレゼンテーション作成の際に、候補として表示されるようになります。

操作 👈 テンプレートとして保存する

作成したスライドマスターに「社内用」という名前を付けてテンプレートとして保存しましょう。

Step 1 [名前を付けて保存]ダイアログボックスを開きます。

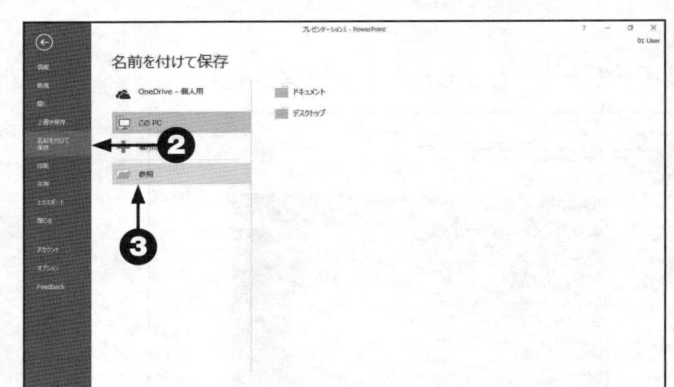

❶ [ファイル]タブをクリックします。

❷ [名前を付けて保存]をクリックします。

❸ [参照]をクリックします。

Step 2 テンプレートとして保存します。

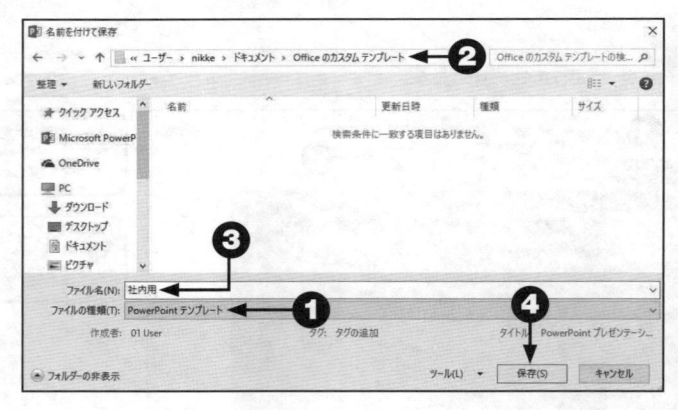

❶ [ファイルの種類]ボックスの一覧から[PowerPointテンプレート]をクリックします。

❷ [保存先]ボックスに[ドキュメント > Officeのカスタムテンプレート]と表示されていることを確認します。

❸ [ファイル名]ボックスに「社内用」と入力します。

❹ [保存]をクリックします。

Step 3 [ファイル]タブをクリックし、[閉じる]をクリックして、ファイルを閉じます。

操作 👉 保存したテンプレートを使ってファイルを新規作成する

保存した「社内用」テンプレートを使用して、ファイルを新規作成しましょう。

Step 1 テンプレートが保存されている場所を開きます。

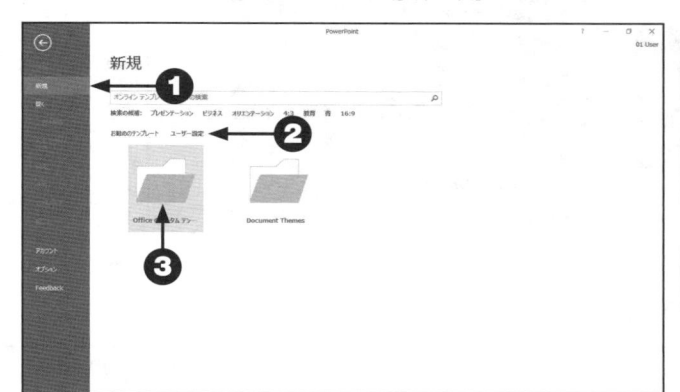

❶ [ファイル] タブの [新規] を クリックします。

❷ [ユーザー設定] をクリックします。

❸ [Officeのカスタムテンプレート] をクリックします。

Step 2 テンプレートを選びます。

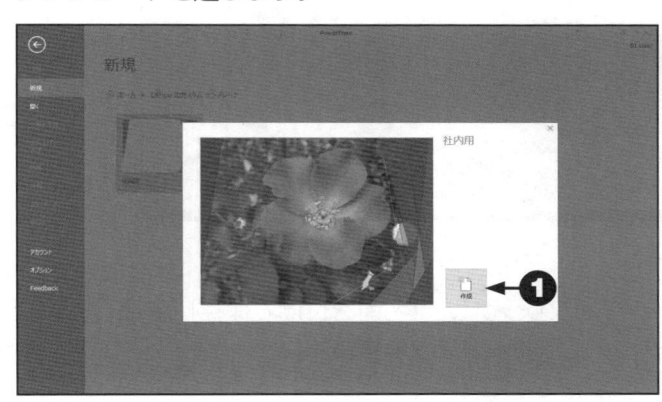

❶ 「社内用」をクリックし、[作成] をクリックします。

Step 3 テンプレートが適用されたプレゼンテーションが作成されました。

Step 4 新しいスライドを追加します。

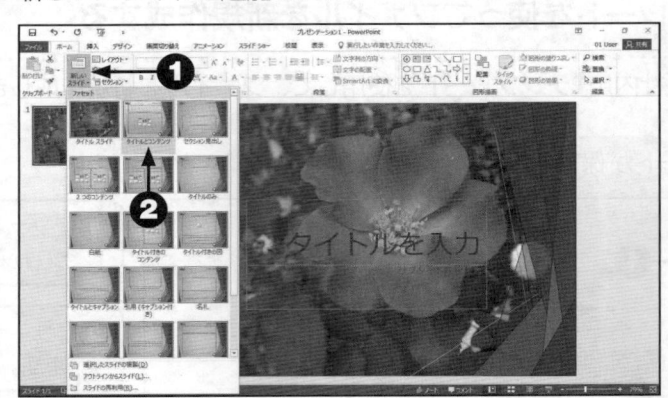

❶ [ホーム] タブの [新しいスラ
イド] ボタンの▼をクリック
します。

❷ [タイトルとコンテンツ] をク
リックします。

Step 5 新しいスライドが挿入されました。

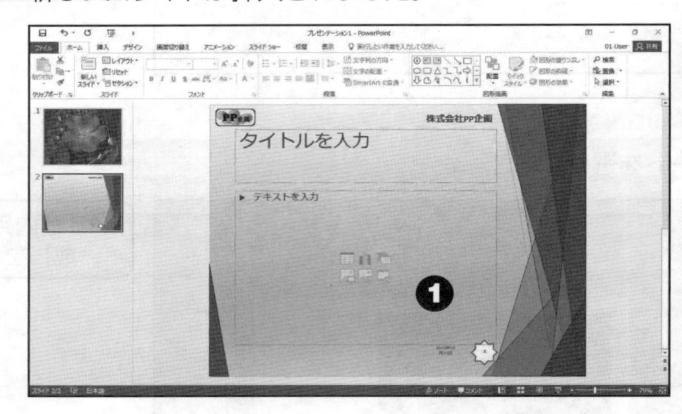

❶ [タイトルとコンテンツ] レイ
アウトのスライドが挿入され
たことを確認します。

Step 6 [ファイル] タブをクリックし、[名前を付けて保存] [参照] を順にクリックして、[名前を付
けて保存] ダイアログボックスを開きます。

Step 7 [ファイルの種類] ボックスで [PowerPointプレゼンテーション] を選んだあと、「社内用テ
ンプレート使用」という名前を付けて、[保存用] フォルダーに保存します。

Step 8 [ファイル] タブをクリックし、[閉じる] をクリックして、ファイルを閉じます。

📶 この章の確認

☐ スライドマスターを表示することができますか？

☐ スライドマスターのタイトルの書式を変更することができますか？

☐ スライドマスターの箇条書きの書式を変更することができますか？

☐ スライドレイアウトを変更することができますか？

☐ スライドマスターにテーマを設定することができますか？

☐ スライドマスターに設定したテーマを編集することができますか？

☐ 編集したテーマを保存することができますか？

☐ 背景のスタイルを設定することができますか？

☐ ヘッダーを表示するテキストボックスを作成することができますか？

☐ 日付とスライド番号を表示する領域を作成することができますか？

☐ 独自に作成したテンプレートを保存することができますか？

☐ 保存したテンプレートを使って、ファイルを新規作成することができますか？

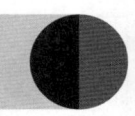

スライドマスターを表示し、テーマの設定や図形の追加などを行って、テンプレートとして保存しましょう。

完成例
スライドショー（タイトルスライド）　　**スライドショー（タイトルとコンテンツ）**

1. PowerPoint 2016を起動しましょう。

2. ［新しいプレゼンテーション］を作成しましょう。

3. スライドのサイズを［標準（4：3)］に変更しましょう。

4. スライドマスターを表示し、［スライドマスター］のサムネイルをクリックして、テーマ［木版活字］を設定しましょう。

5. スライドマスターに背景のスタイル［スタイル10］を設定しましょう。

6. タイトルスライドのレイアウトの背景に［復習問題］フォルダーの中にある画像「葉」を設定しましょう。

7. スライドマスターに、［復習問題］フォルダーの中にあるファイル「PP食品ロゴ」を挿入し、コンテンツ領域の左下角に移動しましょう。

8. タイトルスライド以外のすべてのスライドに、スライド番号を表示するように設定しましょう。

9. スライド番号のフォントサイズを16ポイントに設定しましょう。

10. タイトルとコンテンツのレイアウトで、タイトル領域とコンテンツ領域の間に直線を引きましょう。

11. 直線に図形のスタイル［グラデーション（線）- 濃色1］を設定しましょう。

12. マスターに「販売店向け」という名前を付け、テンプレートとして保存しましょう。

13. 標準（サムネイル表示）でプレゼンテーションを表示しましょう。

14. 2枚目のスライドにタイトルとコンテンツのレイアウトのスライドを挿入しましょう。

15. 1枚目のスライドからプレゼンテーションをスライドショーで表示しましょう。

16. 「復習1-1　販売店向け（完成)」という名前を付けて、［保存用］フォルダーにファイルを保存しましょう。

第2章

既存データの活用

- Wordデータの活用
- Excelデータの活用
- ハイパーリンクの設定
- オーディオやビデオの活用
- PowerPointデータの活用

Wordデータの活用

アウトラインが設定されたWord文書をPowerPointで開くと、アウトラインを引き継いだプレゼンテーションを作成できます。また、Word文書の一部をPowerPointのスライド上に貼り付ける場合、「スクリーンショット」を使うと、開いているウィンドウを画像として貼り付けられます。

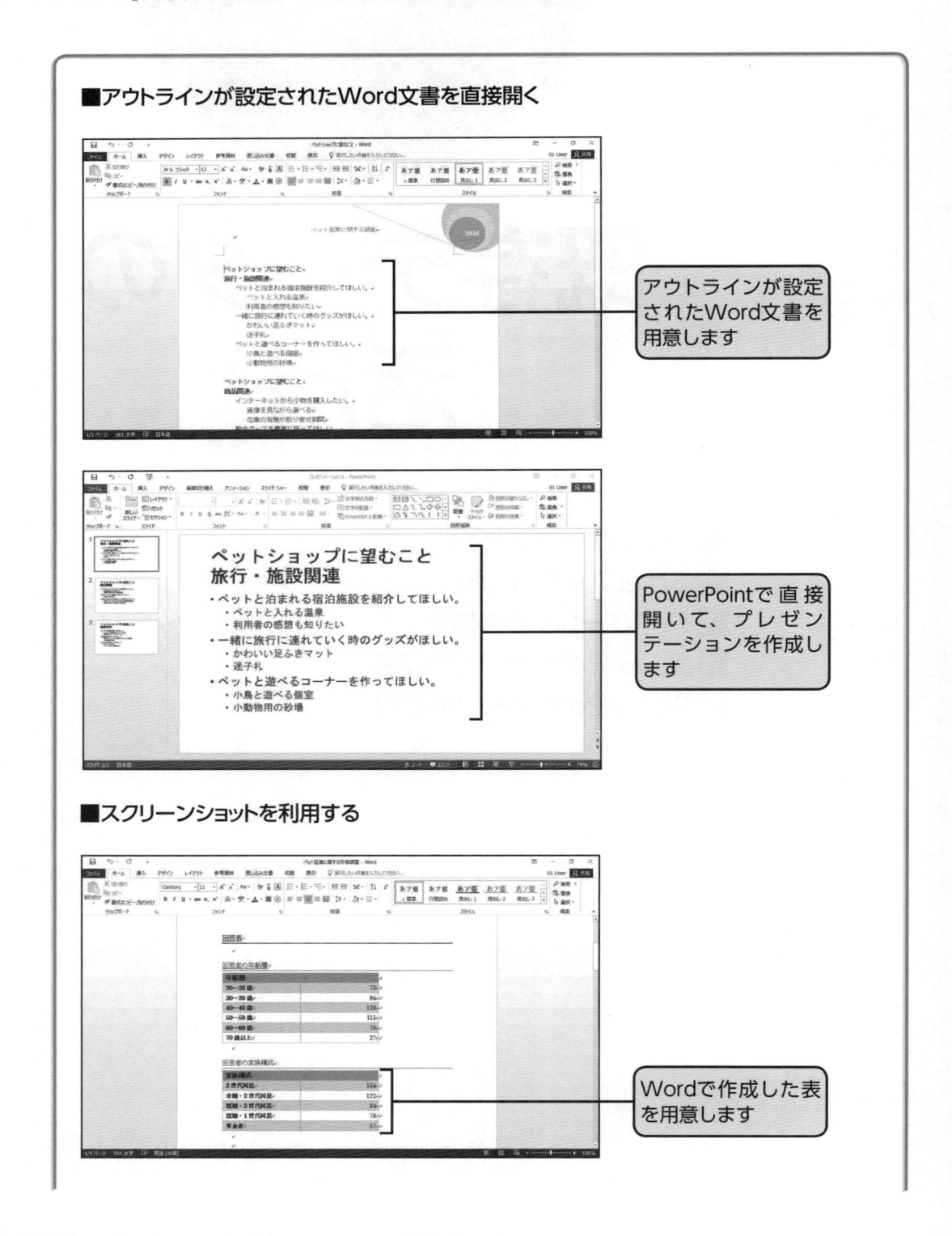

■アウトラインが設定されたWord文書を直接開く

アウトラインが設定されたWord文書を用意します

PowerPointで直接開いて、プレゼンテーションを作成します

■スクリーンショットを利用する

Wordで作成した表を用意します

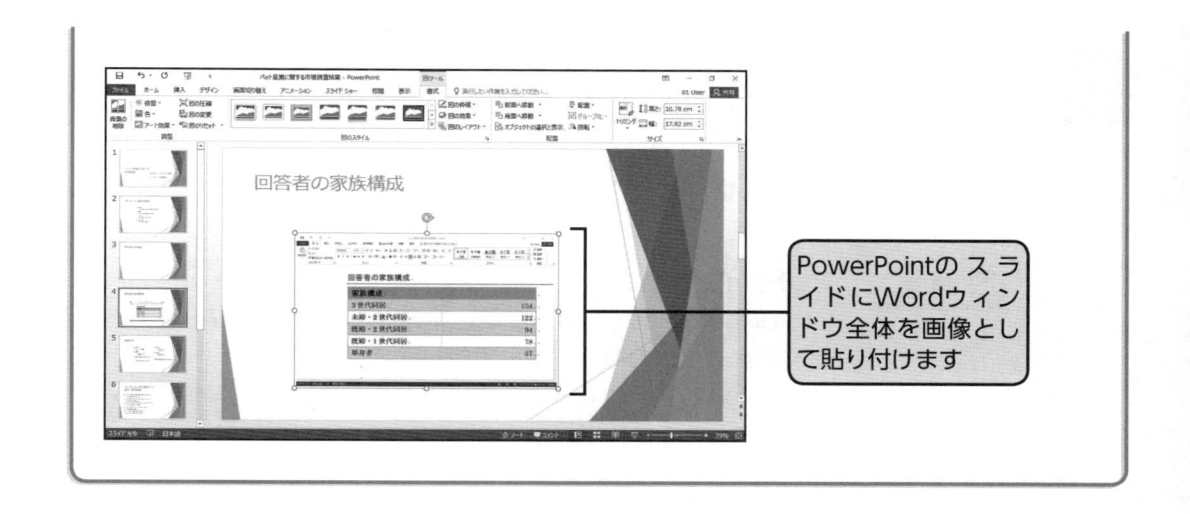

PowerPointのスライドにWordウィンドウ全体を画像として貼り付けます

アウトライン文書を直接開く

アウトラインが設定されているWord文書をPowerPointで直接開くことによって、Word文書のアウトライン構成をそのまま引き継いだプレゼンテーションを作成することができます。

📖 **用語**　**アウトラインとは**

Wordのアウトラインは、文章全体の見出し部分を階層化して表示し、章立てや文章の構成を整理するための機能です。アウトライン表示では、文章の内容が見出しのレベルに応じて階層化されて表示されます。本文や下位の見出しを非表示にして、上位の見出しのみを表示させることもできます。

操作👉 Word文書のアウトライン設定を確認する

Word文書を開いて、アウトラインが設定されていることを確認します。

Step 1　Wordを起動して、[PowerPoint2016 応用] フォルダーにあるファイル「ペットショップに望むこと」を開きます。

Step 2　アウトライン (3階層) が設定されていることを確認します。

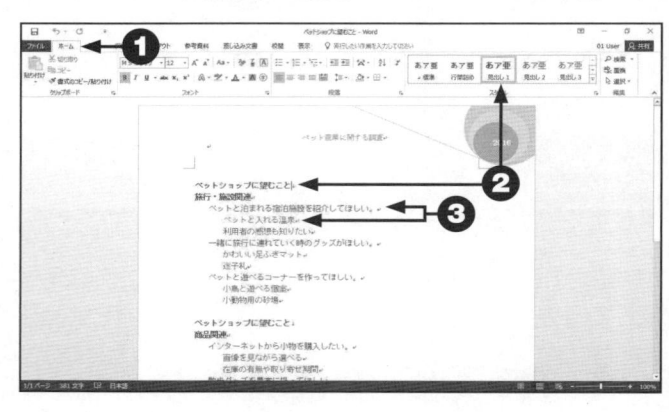

❶ [ホーム] タブが選択されていることを確認します。

❷ 1行目の任意の箇所をクリックし、[スタイル] の一覧で [見出し1] のスタイルが適用されていることを確認します。

❸ 同様にして、3行目に [見出し2] のスタイルが、4行目に [見出し3] のスタイルが適用されていることを確認します。

Step 3　✕ [閉じる] ボタンをクリックしてWordを終了します。

⚠ **重要**　**アウトライン文書からスライドを挿入**

現在開いているプレゼンテーションへ、アウトラインが設定されたWord文書をスライドとして挿入することもできます。その場合は、[ホーム] タブの [新しいスライド] ボタンの▼をクリックし、[アウトラインからスライド] を選択します。[アウトラインの挿入] ダイアログボックスが開くので、スライドとして挿入したいアウトライン文書を指定して、[挿入] ボタンをクリックします。

PowerPointでアウトライン文書を開く

Word文書「ペットショップに望むこと」をPowerPointで直接開いて、アウトラインが設定されたプレゼンテーションが作成されることを確認しましょう。

Step 1 PowerPointでWord文書「ペットショップに望むこと」を直接開きます。

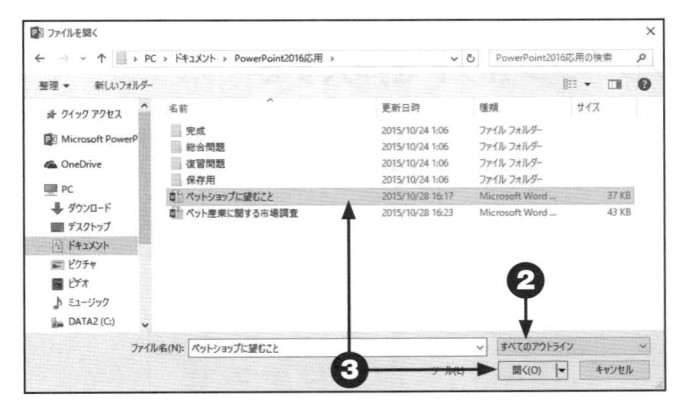

❶ [ファイル] タブの [開く] をクリックします。[参照] をクリックして [ファイルを開く] ダイアログボックスを開きます。

❷ ファイルの種類を「すべてのアウトライン」に変更します。

❸ [PowerPoint2016応用] フォルダーにあるWord文書「ペットショップに望むこと」をクリックして選択し、[開く] ボタンをクリックします。

Step 2 元のアウトラインの構成を引き継いだプレゼンテーションが作成されていることを確認します。

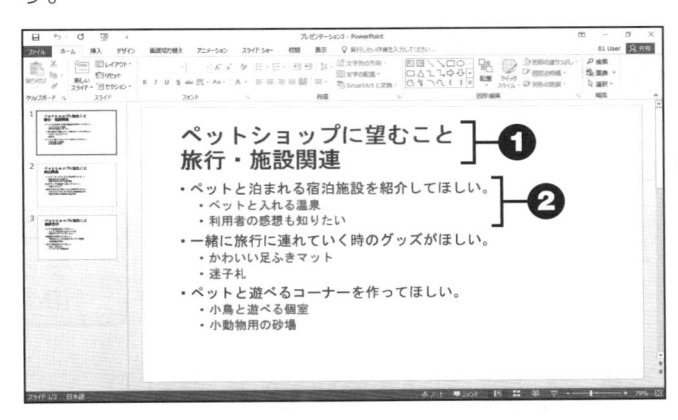

❶ [見出し1] がスライドタイトルになっています。

❷ [見出し2] と [見出し3] が階層化されてスライドのテキストとして挿入されています。

Step 3 [ファイル] タブの [閉じる] をクリックして、保存をしないでファイルを閉じます。

⚠ **重要** **スライドのサイズ**

アウトライン文書を直接開いてプレゼンテーションを作成した場合、スライドサイズは既定の16：9に設定されます。4：3の比率に変更する場合は、[デザイン] タブの [スライドのサイズ] をクリックし、[標準 (4：3)] を選択します。

スクリーンショットの利用

スクリーンショットの機能を使うと、表示されているウィンドウ全体を画像としてコピーして貼り付けることができます。また領域を指定して、ウィンドウの一部分だけを貼り付けることもできます。貼り付けた文書は画像として扱われるので、内容（文字や数字など）の編集は行えません。

操作 👉 ウィンドウのスクリーンショットを挿入する

ファイル「ペット産業に関する市場調査」を開き、Word文書の表をスクリーンショット機能を利用してスライド上に貼り付けましょう。

Step 1 Wordを起動して、[PowerPoint2016応用] フォルダーにあるファイル「ペット産業に関する市場調査」を開きます。

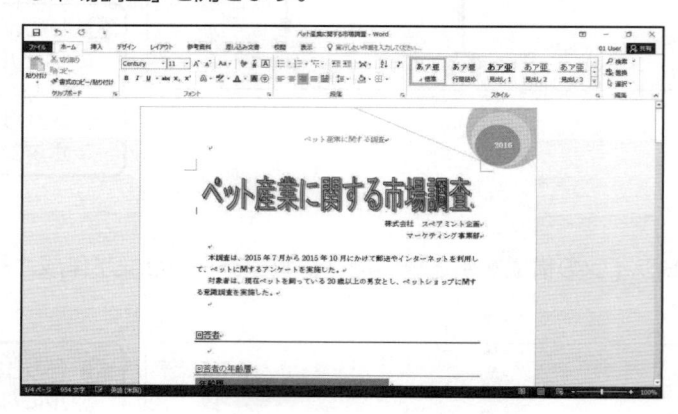

Step 2 Word文書を拡大表示します。

ヒント
[ズーム]ダイアログボックス
[表示] タブの [ズーム] ボタンをクリックして表示される [ズーム] ダイアログボックスでも、任意の倍率に変更することができます。

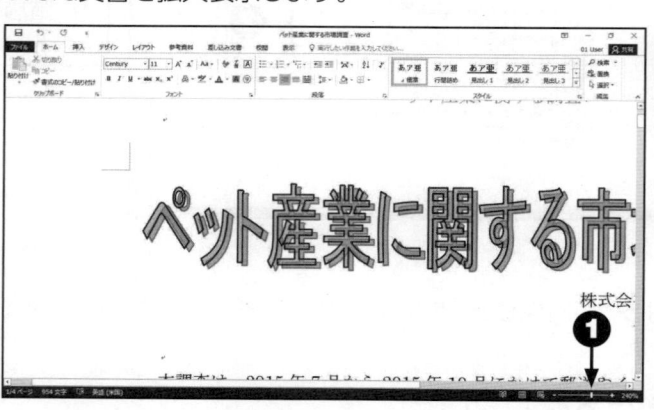

❶ ズームスライダーを右にドラッグして、画面表示を [240%] にします。

Step 3　Wordの表を表示します。

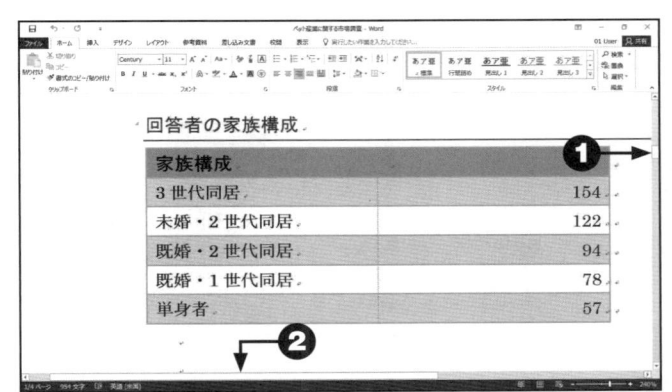

❶「回答者の家族構成」というタイトルの付いた表までスクロールします。

❷ 表がおおむね左右中央に表示されるようにスクロールします。

Step 4　PowerPointに切り替えて、[PowerPoint2016応用] フォルダーにある「ペット産業に関する市場調査結果」を開きます。

Step 5　サムネイルをクリックして4枚目のスライドに切り替えます。

Step 6　ウィンドウのスクリーンショットを挿入します。

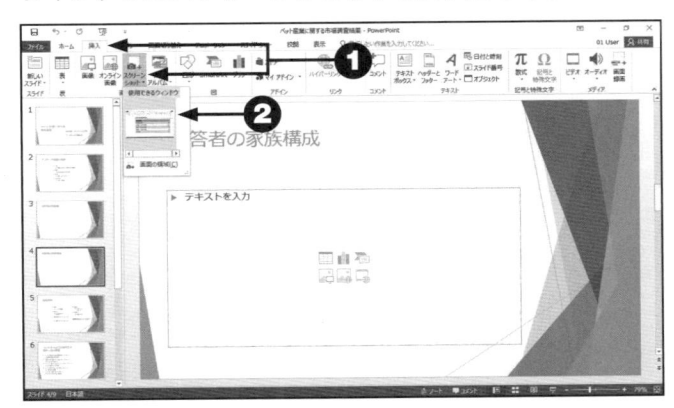

❶[挿入] タブの [スクリーンショット] ボタンをクリックします。

❷ [使用できるウィンドウ] の一覧から「ペット産業に関する市場調査」をクリックします。

Step 7 PowerPointのスライド上に、指定したウィンドウの画像が貼り付けられます。

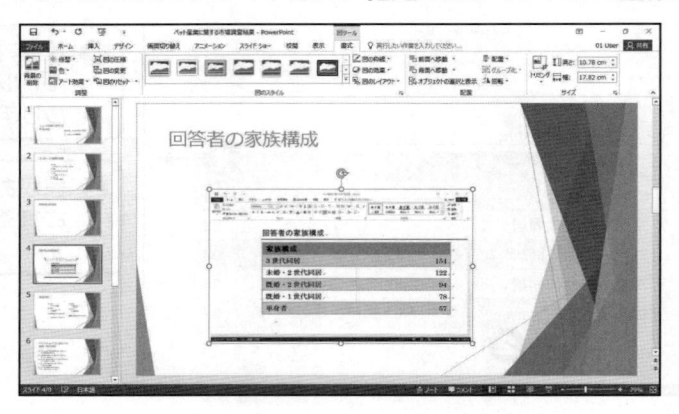

Step 8 タスクバーの［ペット産業に関する市場調査 - Word］をクリックしてファイル「ペット産業に関する市場調査」に切り替え、画面表示を［100%］に戻し、× ［閉じる］ボタンをクリックしてWordを終了します。

Excelデータの活用

他のアプリケーションで作成したデータをPowerPointのスライドで活用できます。PowerPointでオブジェクトを新規作成するのではなく、既存の資料を利用することで作業の効率を上げることができます。ここでは、Excelのワークシートの表をPowerPointのスライドに貼り付ける方法を学習します。

Excelで作成した表をPowerPointのスライドに貼り付ける方法は、大きく分けて2種類あります。さらに、それぞれいくつかのオプションがあります。ここでは、貼り付け方法による結果の違いを学習します。

■貼り付けのオプション

[貼り付け] ボタンの下半分をクリックすると、[貼り付けのオプション] として次の5種類のボタンが表示されます。

ボタン	名称	貼り付ける形式
	貼り付け先のスタイルを使用	貼り付け先のスタイルを適用して貼り付ける。貼り付け後はPowerPointの表として扱える。[貼り付け] ボタン（上半分）を使って貼り付けると、この形式になる。
	元の書式を保持	コピー元の書式を保持して貼り付ける。貼り付け後はPowerPointの表として扱える。
	埋め込み	貼り付け元のアプリケーションのオブジェクトとして貼り付ける。貼り付け後は、元のアプリケーションと同様の操作でデータを編集することができる。
	図	選択した部分を図として貼り付ける。貼り付け後のデータの編集はできない。
	テキストのみ保持	選択した部分のテキストのみを貼り付ける。貼り付け後はPowerPointのテキストとして扱える。

■形式を選択して貼り付け

[貼り付けのオプション] の下にある [形式を選択して貼り付け] をクリックすると表示される [形式を選択して貼り付け] ダイアログボックスでは、以下のような選択ができます。[貼り付けのオプション] にあるボタンと処理内容が同じものもありますが、より詳細な選択ができます。

貼り付ける方法	内容
貼り付け	元のデータの内容や書式を変更しても、スライド上のデータには反映されない。貼り付けた時点のデータを固定したい場合に使う。[貼り付けのオプション] にある [埋め込み] ボタンをクリックしたときはこの形式で貼り付けられる。

貼り付ける方法	特徴
リンク貼り付け	元のデータの内容や書式を変更すると、スライド上のデータに反映される。データを常に最新の状態に保ちたい場合に使う。リンク元のデータが削除されると内容の変更ができなくなる。
XXオブジェクト（XXはアプリケーション名など）	貼り付けた後、スライド上で元のアプリケーションを使って変更したい場合に使用する。元のアプリケーションのデータをスライド上にコピーするため、プレゼンテーションのファイルサイズ増加分は大きめ。
図（拡張メタファイル、Windowsメタファイル）	後で修正する必要がない場合に使用する。選択部分を図に変換して貼り付けるため、ファイルサイズ増加分は小さめ。見た目がきれい。
リッチテキスト形式、書式なしテキスト	文字データだけを使いたい場合に使用する。元の書式を保持したい場合はリッチテキスト形式、貼り付け先の書式にしたい場合は書式なしテキスト形式を使用する。

操作 ☞ Excelの表をPowerPointの表として貼り付ける

ファイル「ペット産業に関する市場調査結果」の3枚目のスライドにExcelで作った「ペット産業アンケート回答者」の表をPowerPointの表として貼り付けましょう。

Step 1 Excelを起動して、[PowerPoint2016応用] フォルダーにあるファイル「ペット産業アンケート回答者」を開きます。

Step 2 Excelの表をコピーします。

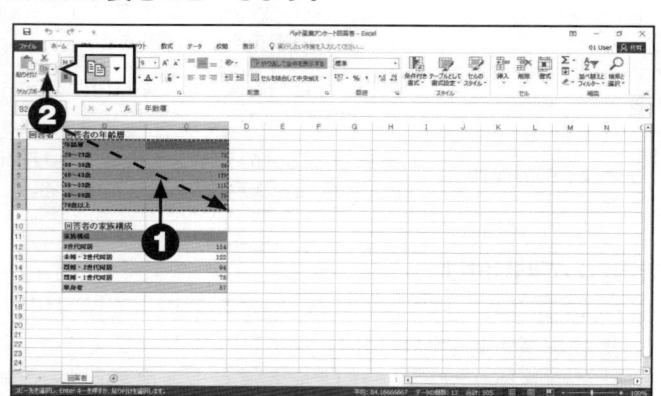

❶ 「回答者の年齢層」の表内をドラッグして選択します。

❷ [コピー] ボタンをクリックします。

Step 3 タスクバーの [ペット産業に関する市場調査結果 － PowerPoint] をクリックして「ペット産業に関する市場調査結果」に切り替えます。

Step 4 サムネイルをクリックして3枚目のスライドに切り替えます。

Step 5 プレビューを確認して、表を貼り付けます。

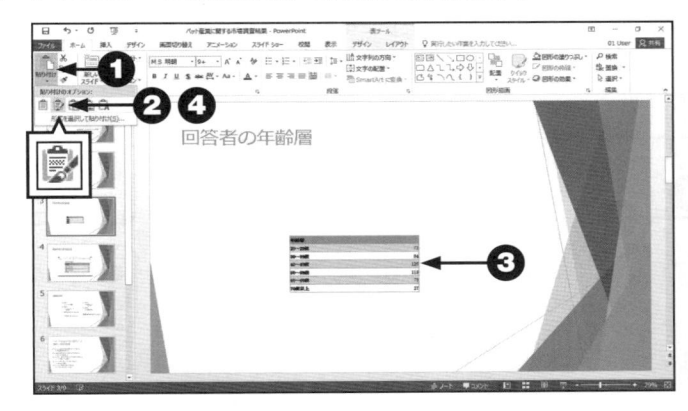

❶ [貼り付け] ボタンの▼をクリックします。

❷ [元の書式を保持] ボタンをポイントします。

❸ 貼り付け後のイメージがプレビュー表示されます。

❹ [元の書式を保持] ボタンをクリックします。

Step 6 Excelの表がPowerPointの表として貼り付けられました。

操作☞ Excelの表をExcelオブジェクトとして貼り付ける

Excelの表をExcelのオブジェクトとして貼り付けると、Excelと同様の操作でPowerPoint内で表を編集することができるようになります。Excelの表をExcelオブジェクトとして貼り付けましょう。

Step 1 前の操作で貼り付けた表を選択し、**Delete**キーを押して表を削除します。

Step 2 タスクバーの [ペット産業アンケート回答者 - Excel] をクリックしてファイル「ペット産業アンケート回答者」に切り替えます。

Step 3 Excelの表をコピーします。

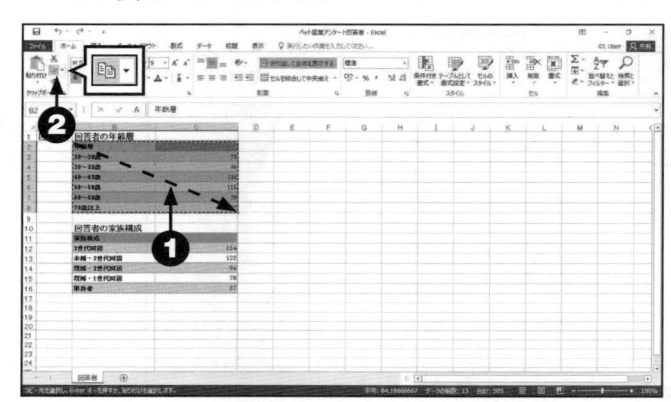

❶ 「回答者の年齢層」の表内をドラッグして選択します。

❷ [コピー] ボタンをクリックします。

Step 4 タスクバーの [ペット産業に関する市場調査結果 - PowerPoint] をクリックしてファイル 「ペット産業に関する市場調査結果」 に切り替えます。

Step 5 表を貼り付けます。

💡 ヒント

形式を選択して貼り付けを利用してExcelの表を貼り付ける

[形式を選択して貼り付け] をクリックし、[Microsoft Excelワークシートオブジェクト] を選択しても、Excelの表を貼り付けることができます。

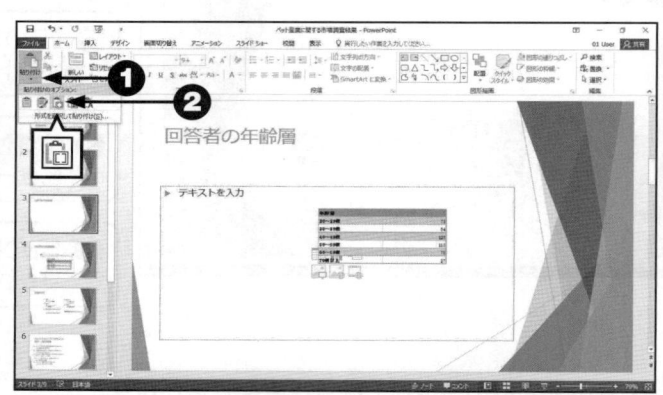

❶ [貼り付け] ボタンの▼をクリックします。

❷ [埋め込み] ボタンをクリックします。

Step 6 Excelの表を編集できる状態にします。

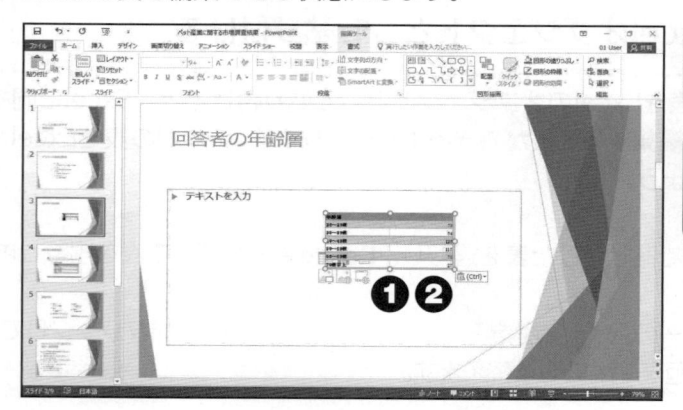

❶ Excelの表がExcelオブジェクトとして貼り付けられます。

❷ 表をダブルクリックして、Excelオブジェクトを編集できる状態にします。

Step 7 Excelオブジェクトを編集できる状態になりました。

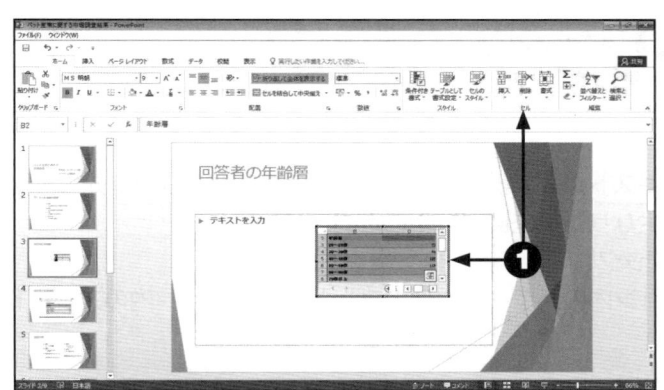

❶ リボンの表示がExcelのものに変わり、Excelと同様の操作ができることを確認します。

Step 8 表以外の空白部分をクリックして編集状態を解除します。

Step 9 タスクバーの [ペット産業アンケート回答者 - Excel] をクリックしてファイル [ペット産業アンケート回答者] に切り替え、× [閉じる] ボタンをクリックしてExcelを終了します。

ハイパーリンクの設定

ハイパーリンクは、テキストやオブジェクトをクリックすると、リンク先に移動する仕組みです。スライドから設定できる主なリンク先は、以下のとおりです。

●Word文書やExcelブック
●同じプレゼンテーション内のスライドや他のプレゼンテーション内のスライド
●電子メールアドレス
●Web上のページやファイル

ハイパーリンクを設定する方法を学びます。ここでは例として、Excelファイルへのハイパーリンクを設定します。

■Excelファイルへのハイパーリンク

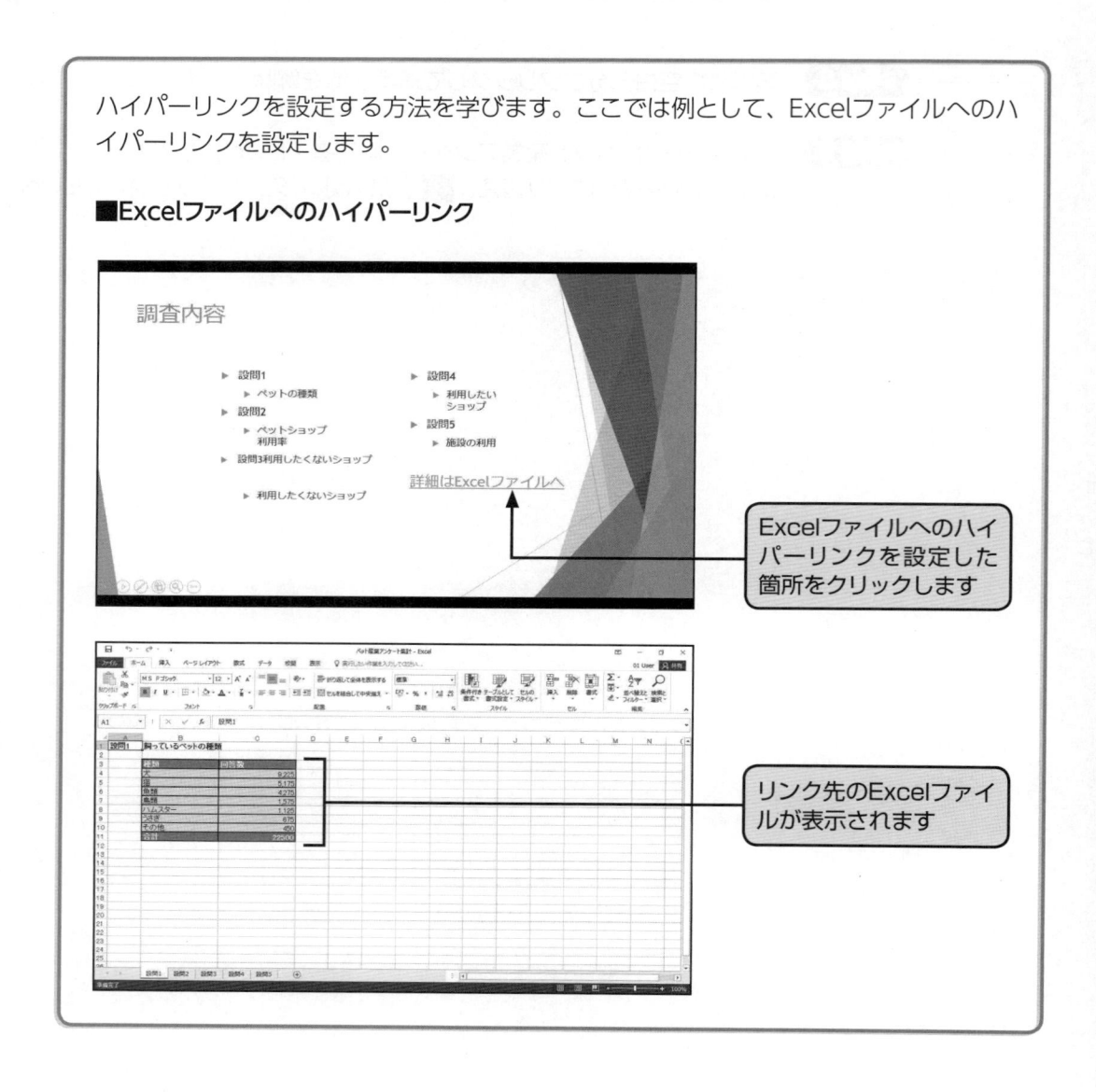

Excelファイルへのハイパーリンクを設定した箇所をクリックします

リンク先のExcelファイルが表示されます

💡 ヒント　**現在のスライドからスライドショーを実行**

この節以降、現在のスライドからスライドショーを実行するという操作が多くなります。ここで操作を覚えておきましょう。主な方法は以下のとおりです。

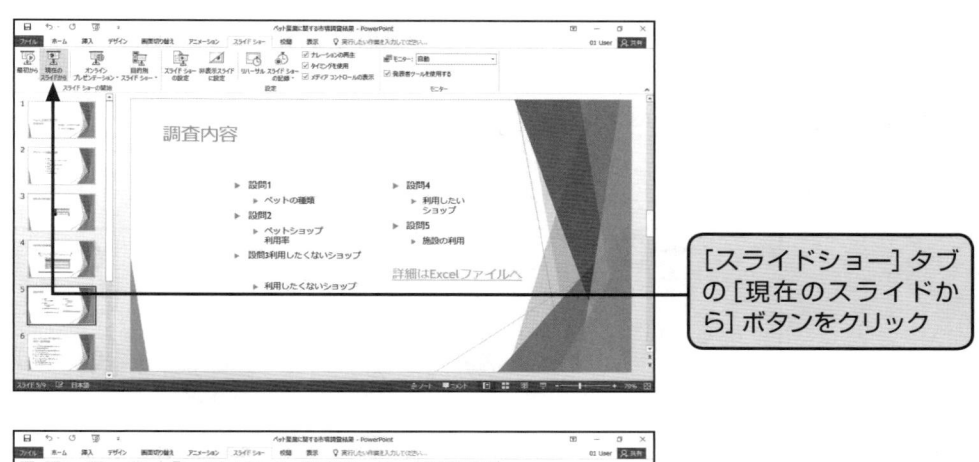

[スライドショー] タブの [現在のスライドから] ボタンをクリック

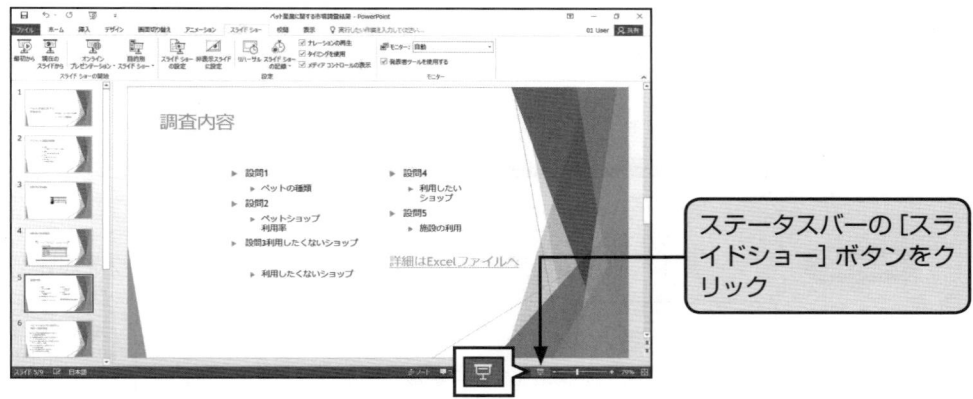

ステータスバーの [スライドショー] ボタンをクリック

このほか、ショートカットキー「**Shift**キー＋**F5**キー」を押しても現在のスライドからスライドショーを実行できます。

5枚目のスライドの「詳細はExcelファイルへ」の文字列に、Excelファイル「ペット産業アンケート集計」へのハイパーリンクを設定しましょう。

Step 1 サムネイルをクリックして、5枚目のスライドに切り替えます。

Step 2 [ハイパーリンクの挿入] ダイアログボックスを開きます。

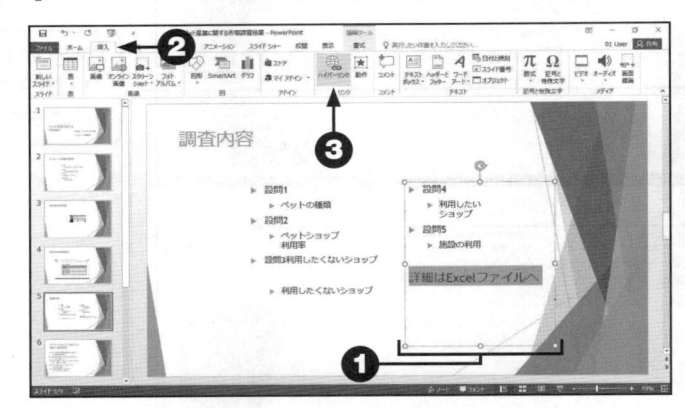

❶ 「詳細はExcelファイルへ」をドラッグして範囲選択します。

❷ [挿入] タブをクリックします。

❸ [ハイパーリンク] ボタンをクリックします。

Step 3 ファイル「ペット産業アンケート集計」へのハイパーリンクを設定します。

❶ [リンク先：] の [ファイル、Webページ] が選択されていることを確認します。

❷ [検索先] ボックスに「PowerPoint2016応用」と表示されていることを確認します。

❸ [現在のフォルダー] の一覧の「ペット産業アンケート集計」をクリックします。

❹ [アドレス] ボックスに「ペット産業アンケート集計.xlsx」と表示されていることを確認します。

❺ [OK] をクリックします。

Step 4 文字列「詳細はExcelファイルへ」にハイパーリンクが設定されました。

① 文字列「詳細はExcelファイル
へ」が下線付きで表示され
ます。

Step 5 テキストボックス以外の空白部分をクリックして選択を解除します。

操作 ハイパーリンクを確認する

スライドショーを実行し、「詳細はExcelファイルへ」をクリックして、ファイル「ペット産業
アンケート集計」へのハイパーリンクを確認しましょう。

Step 1 現在のスライドからスライドショーを実行します。

Step 2 ハイパーリンクの動作を確認します。

① 「詳細はExcelファイルへ」を
ポイントしてマスウポインター
の形が🖑になっていることを
確認します。

② ポイントしている位置でクリッ
クします。

Step 3 Excelが起動してリンク先のファイル「ペット産業アンケート集計」が表示されます。

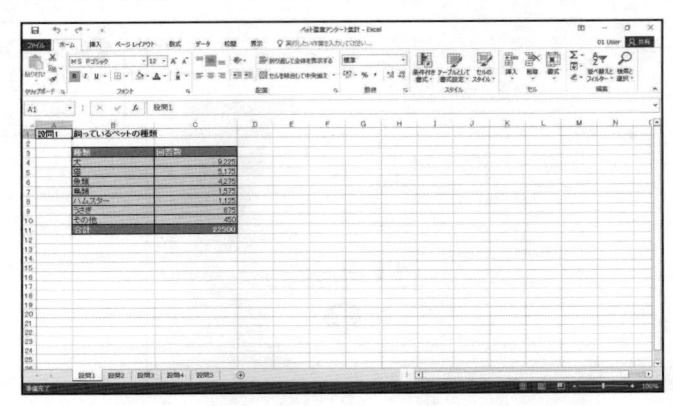

Step 4 ⊠ [閉じる] ボタンをクリックしてExcelを終了します 。

Step 5 スライドショーに戻ります。

Step 6 **Esc**キーを押してスライドショーを終了します。

⚠ **重 要** **ハイパーリンクを設定したファイルがない場合**

スライドショーを実行するときにハイパーリンクを設定したファイルがないと、ファイルを開くことができません。他のパソコンでスライドショーを行う場合やネットワーク上のフォルダーにファイルを保存している場合などは、必ずリンク先のファイルが正常に開くかを確認しておきましょう。

オーディオやビデオの活用

オーディオファイルをプレゼンテーションのスライドに挿入すると、プレゼンテーションを実行している間BGMとして音楽を流すことができます。スライドショーの最初から最後まで流したり、特定のスライドを表示したときにだけ流すということもできます。
ビデオをスライドに挿入すると、インタビューの再生やデモンストレーションなどが行えます。また、ビデオファイルの簡単な編集もできます。

オーディオの利用

PowerPoint 2013からは、オーディオファイルを挿入するとアイコンだけではく、その下に再生などのボタンが表示されます。このため、標準表示のままでもオーディオを再生できるようになっています。

操作 ➡ オーディオファイルを挿入する

6枚目のスライドを表示したときに音楽が流れるように「ガヴォット」というオーディオファイルを挿入しましょう。。

Step 1 サムネイルをクリックして、6枚目のスライドに切り替えます。

Step 2 [オーディオの挿入] ダイアログボックスを開きます。

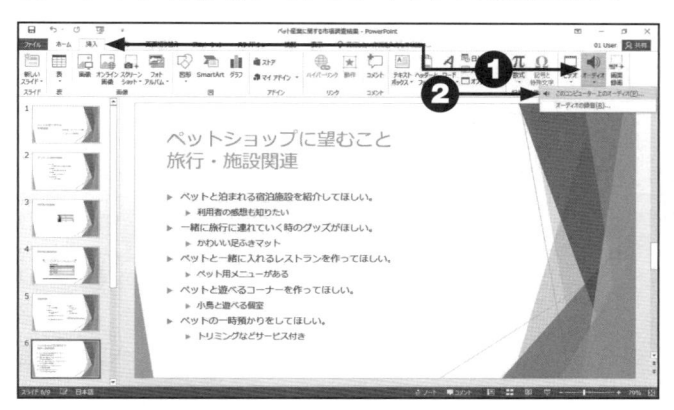

❶ [挿入] タブをクリックし、[オーディオ] ボタンをクリックします。

❷ [このコンピュータ上のオーディオ] をクリックします。

Step 3 オーディオファイルを挿入します。

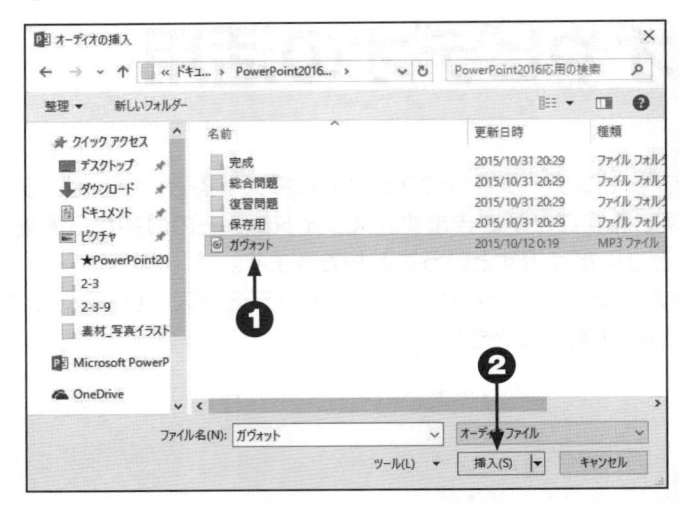

❶ 一覧から「ガヴォット」をクリックします。

❷ [挿入] ボタンをクリックします。

Step 4 オーディオファイルが挿入されました。

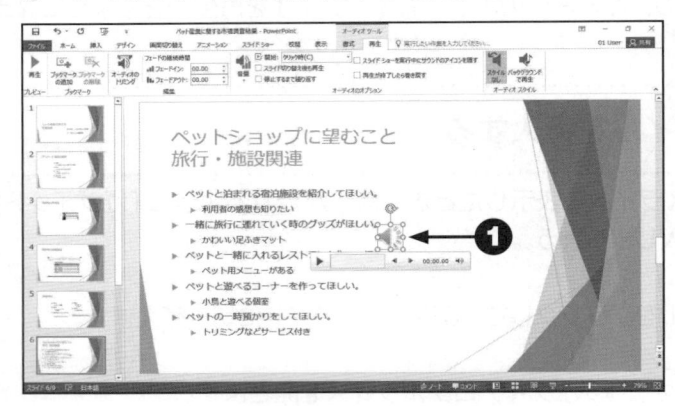

❶ サウンドのアイコンが表示されていることを確認します。

Step 5 サウンドのアイコンを移動して小さくします。

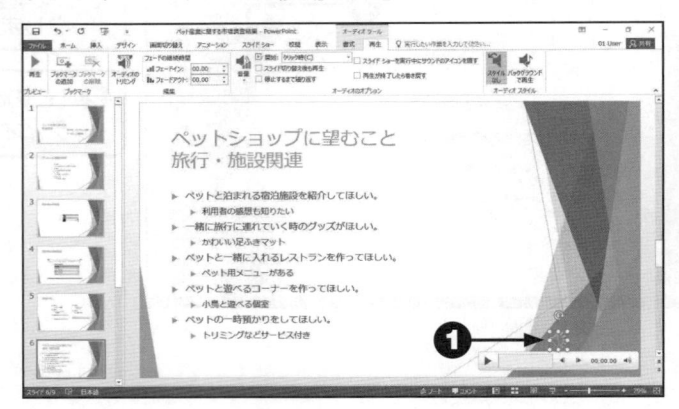

❶ サウンドのアイコンをドラッグして、スライドの右下に移動します。

❷ サウンドのアイコンの右下をドラッグして、サイズを小さくします。

サウンドのアイコンをクリックすると、[オーディオツール] コンテキストツールが表示され、[書式] タブと [再生] タブが表示されます。6枚目から9枚目のスライドについて、表示と同時に音楽が繰り返し再生されるように設定を変更してみましょう。

Step 1 スライドが表示された時にオーディオファイルが自動的に再生されるように設定します。

❶ [オーディオツール] の [再生] タブをクリックします。

❷ [開始] ボックスの▼をクリックします。

❸ [自動] をクリックします。

Step 2 オーディオファイルが繰り返し再生されるように設定します。

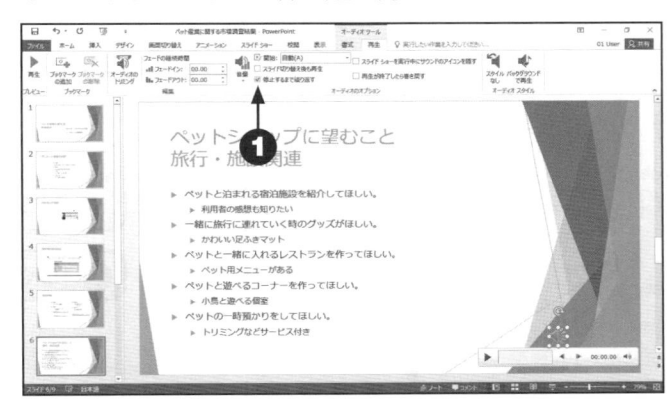

❶ [停止するまで繰り返す] チェックボックスをオンにします。

Step 3 サウンドのアイコンを非表示に設定します。

💡 **ヒント**

サウンドのアイコン

サウンドのアイコンは、そのままではスライドショーを実行したときにも表示されます。スライドショー実行時にサウンドのアイコンを非表示にするには、[スライドショーを実行中にサウンドのアイコンを隠す] をオンにする必要があります。

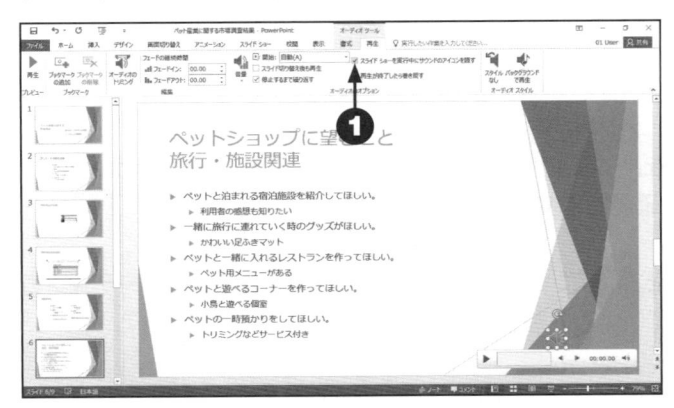

❶ [スライドショーを実行中にサウンドのアイコンを隠す] チェックボックスをオンにします。

Step 4 9枚目のスライドまで音楽が流れるように設定するため、[再生 オーディオ] ダイアログボックスを表示します。

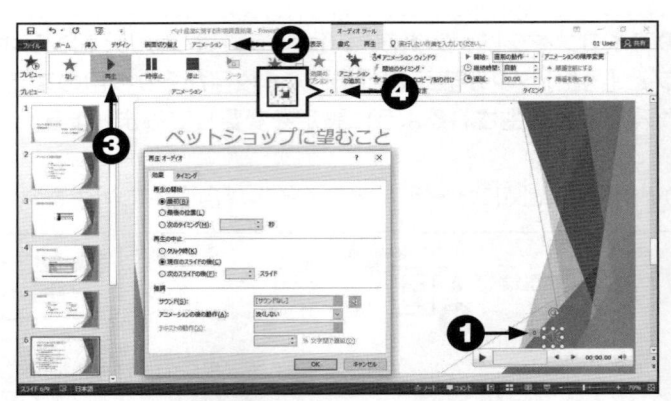

① サウンドのアイコンが選択されていることを確認します。

② [アニメーション] タブをクリックします。

③ [再生] が適用されているのを確認します。

④ [アニメーション] グループの [効果のその他のオプションを表示] ボタンをクリックして、[再生 オーディオ] ダイアログボックスを表示します。

Step 5 オーディオ再生の効果を変更します。

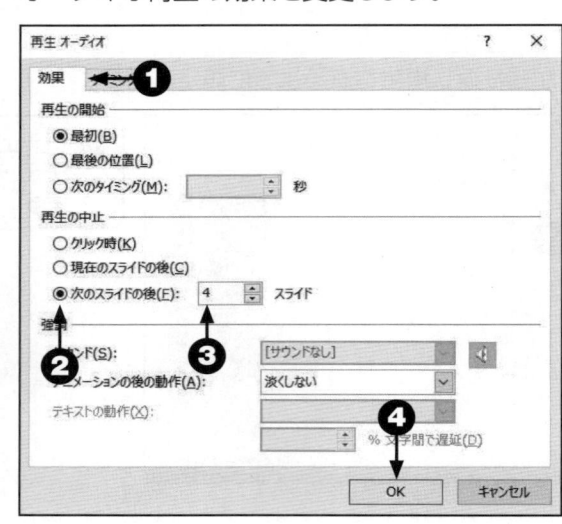

💡 ヒント

再生を中止するスライド
6枚目から9枚目までの4枚のスライドの表示時にオーディオを再生したいときは、[次のスライドの後] ボックスに4枚目を意味する「4」を入力します。

① [効果] タブが選択されていることを確認します。

② [再生の中止] の[次のスライドの後] をクリックします。

③ [スライド] ボックスに「4」と入力します。

④ [OK] をクリックします。

Step 6 サムネイルをクリックして、5枚目のスライドに切り替えます。

Step 7 現在のスライドからスライドショーを実行します。

Step 8 **Enter**キーを押して、6枚目のスライドで、オーディオファイル「ガヴォット」が自動再生されることを確認します。

Step 9 **Enter**キーを押して、7枚目から9枚目のスライドにもオーディオが設定されていることを確認します。

Step 10 **Esc**キーを押して、スライドショーを終了します。

⚠ 重要　**オーディオツール**

スライドに挿入したオーディオのオブジェクトを選択して表示される［オーディオツール］の
［書式］タブと［再生］タブにあるボタンを使って、オーディオのスタイルや再生方法などを
変更することができます。

［オーディオツール］の［書式］タブ

サウンドのアイコンの書式やスタイルなどを変更できます。

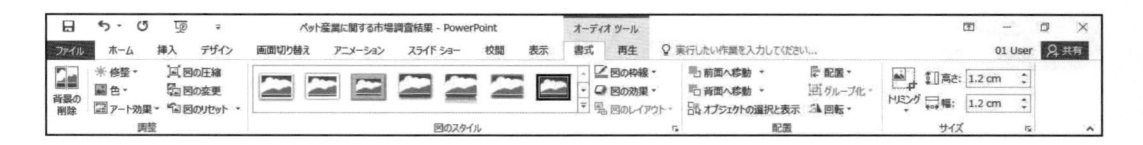

［オーディオツール］の［再生］タブ

オーディオをトリミングしたり、再生方法を変更したりできます。

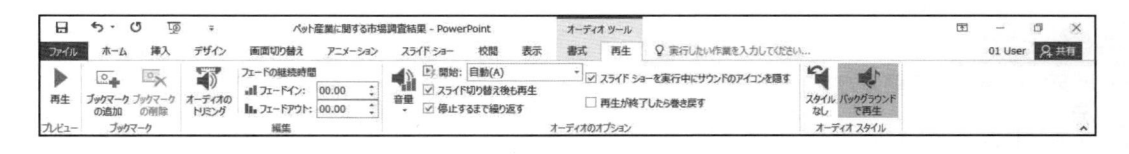

ビデオの利用

ビデオファイルを挿入するとオーディオファイルと同様に、再生ボタンなどが表示され、標準表示のままでも再生できます。PowerPoint 2010からは、明るさやコントラストの調整、開始時間と終了時間の指定(トリミング)などの編集も簡単にできるようになりました。

操作 👉 ビデオファイルを挿入する

9枚目のスライドにビデオファイル「海」を挿入しましょう。

Step 1 サムネイルをクリックして、9枚目のスライドに切り替えます。

Step 2 [ビデオの挿入] ダイアログボックスを開きます。

💡 ヒント
ビデオを挿入する別の方法

スライドレイアウトが[タイトルとコンテンツ][2つのコンテンツ][比較][タイトル付きのコンテンツ]の場合は、プレースホルダーの[ビデオの挿入]アイコンをクリックして、[ビデオの挿入]ダイアログボックスを開くこともできます

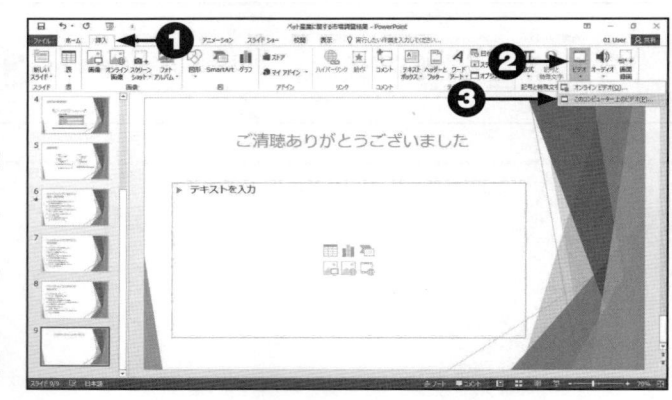

❶ [挿入] タブをクリックします。

❷ [ビデオ] ボタンをクリックします。

❸ [このコンピューター上のビデオ] をクリックします。

Step 3 ビデオファイルを挿入します。

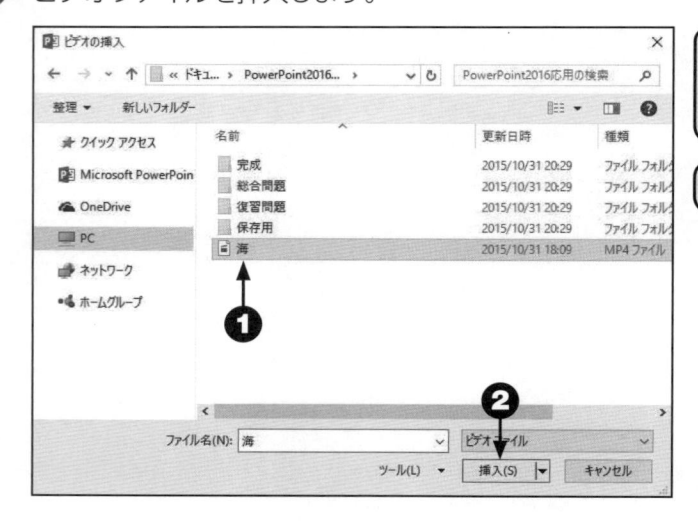

❶ [PowerPoint2016応用] フォルダーにあるビデオファイル「海」をクリックします。

❷ [挿入] をクリックします。

Step 4 ビデオファイルが挿入されたことを確認します。

❶ ビデオの画面が表示されていることを確認します。

操作 → ビデオの設定を変更する

挿入したビデオの画面を選択すると、[ビデオツール] の [書式] タブと [再生] タブが表示されます。スライド表示と同時にビデオが繰り返し再生されるように設定を変更してみましょう。また、ビデオの開始時間と終了時間を設定しましょう。

Step 1 スライドが表示された時にビデオファイルが自動的に再生されるように設定します。

❶ [ビデオツール] の [再生] タブの [開始] ボックスの▼をクリックします。

❷ [自動] をクリックします。

Step 2 ビデオファイルが繰り返し再生されるように設定します。

❶ [停止するまで繰り返す] チェックボックスをオンにします。

Step 3 ビデオの先頭と後ろの不要な部分をトリミングします。

❶ [ビデオのトリミング] ボタン
をクリックします。

Step 4 開始時間と終了時間を指定します。

❶ [開始時間] に「00:01」と
入力し、ビデオの先頭から1
秒分をトリミングします。

❷ [終了時間] に「00:15」と
入力し、ビデオの15秒以降を
トリミングします。

❸ [OK] をクリックします。

💡 ヒント

開始時間と終了時間の設定
📗緑のスライダーでビデ
オの開始時間を、📕赤の
スライダーでビデオの終
了時間を、設定すること
もできます。
また、◀ [前のフレー
ム] ボタンと ▶ [次のフ
レーム] ボタンを使って、
1コマ単位でビデオの開
始終了時間を指定するこ
ともできます。

Step 5 現在のスライドからスライドショーを実行します。

Step 6 ビデオファイル「海」が自動再生されることを確認します。

Step 7 **Esc**キーを2回押して、スライドショーを終了します。

🛑 重 要　**ビデオツール**
スライドに挿入したビデオのオブジェクトを選択して表示される [ビデオツール] の [書式]
タブと [再生] タブにあるボタンを使って、ビデオのスタイルや再生方法などを変更すること
ができます。

[ビデオツール] の[書式] タブ
ビデオに表紙画像を設定したり、スタイルを変更したりできます。

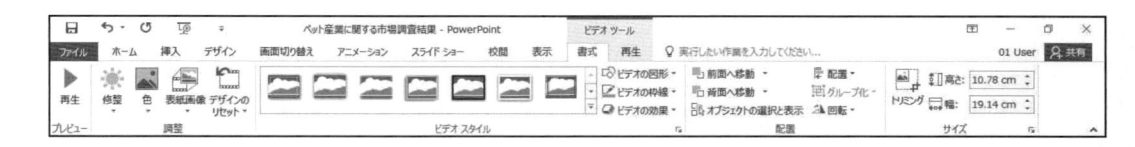

[ビデオツール] の[再生] タブ
ビデオを編集したり、再生方法を変更したりできます。

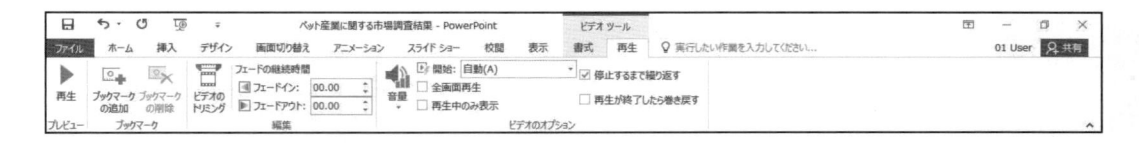

PowerPointデータの活用

他のプレゼンテーションのスライドを挿入したり、他のスライドへのリンクを設定したりするなど、既存のPowerPointのデータを活用することができます。

■既存プレゼンテーションのスライドを再利用

他のプレゼンテーションのスライドを挿入します。

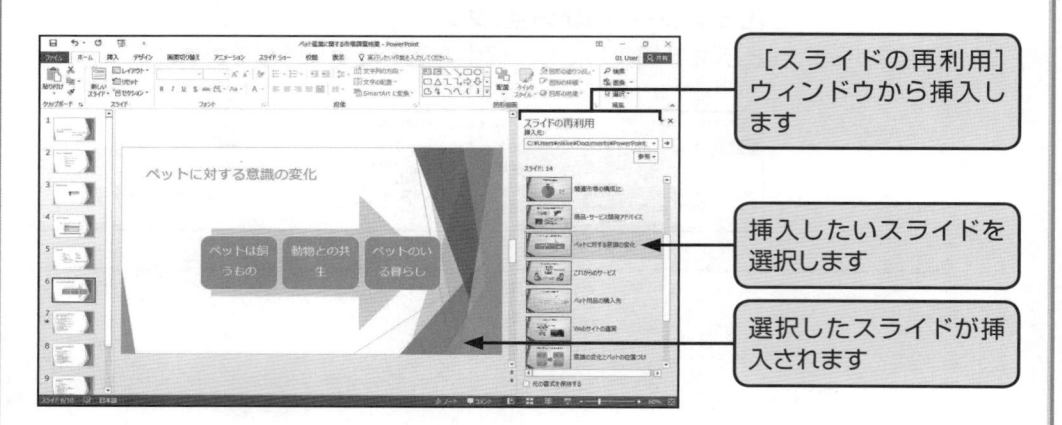

［スライドの再利用］ウィンドウから挿入します

挿入したいスライドを選択します

選択したスライドが挿入されます

■動作設定ボタンから他のスライドへリンク

図形の動作設定ボタンにリンクを設定しておき、スライドショーで表示したときにボタンをクリックすると、他のスライドを表示します。

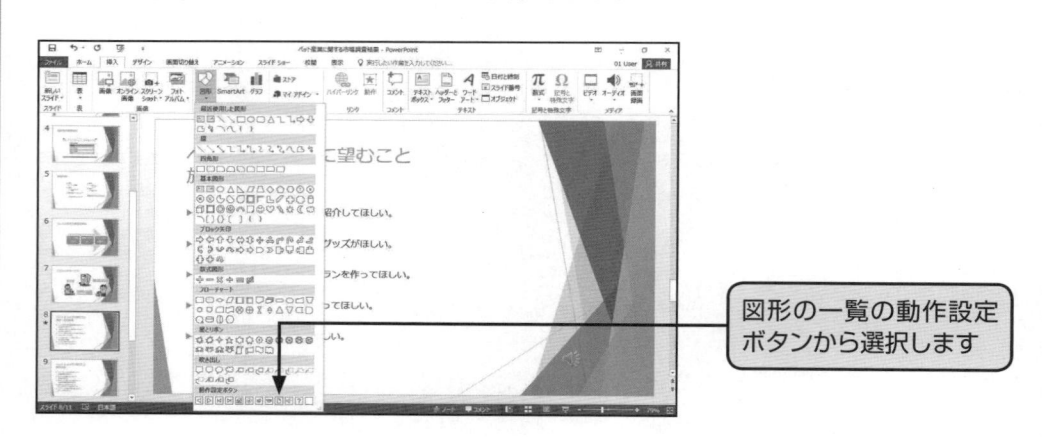

図形の一覧の動作設定ボタンから選択します

リンク先のスライドを選択します

既存プレゼンテーションの利用

既存のプレゼンテーションから任意のスライドを挿入するときに「スライドの再利用」を使用すると、既存の
プレゼンテーションをPowerPointで開いてからコピーする、という手間が必要ないため、便利です。

操作 👉 他のプレゼンテーションのスライドを挿入する

5枚目のスライドの後に、ファイル「ペットショップ経営強化戦略（2章）」から「ペットに対
する意識の変化」と「これからのサービス」という2つのスライドを挿入しましょう。

Step 1 サムネイルをクリックして、5枚目のスライドに切り替えます。

Step 2 ［スライドの再利用］ウィンドウを開きます。

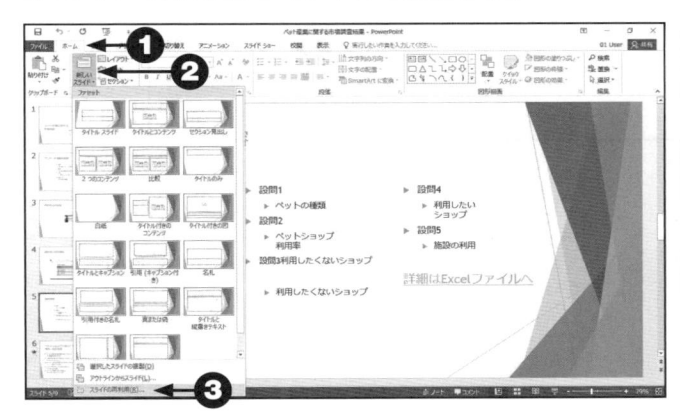

❶ ［ホーム］タブをクリックします。

❷ ［新しいスライド］ボタンの▼
をクリックします。

❸ ［スライドの再利用］をクリッ
クします。

[参照] ダイアログボックスを開きます。

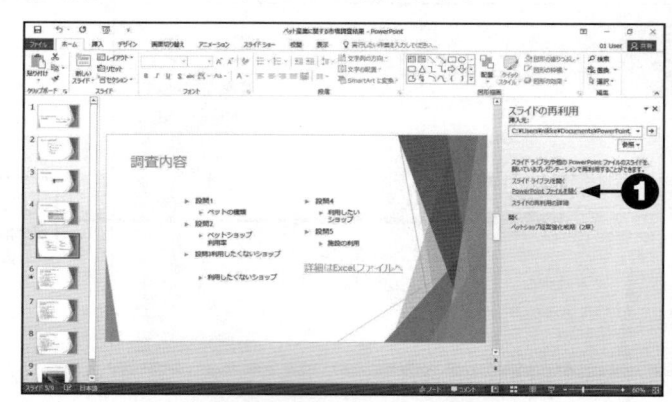

❶ [PowerPointファイルを開く]
をクリックします。

スライド ライブラリや他の PowerPoint ファイルのスライドを、
開いているプレゼンテーションで再利用することができます。

スライド ライブラリを開く

PowerPoint ファイルを開く ◀❶

スライドの再利用の詳細

参照するファイルを指定します。

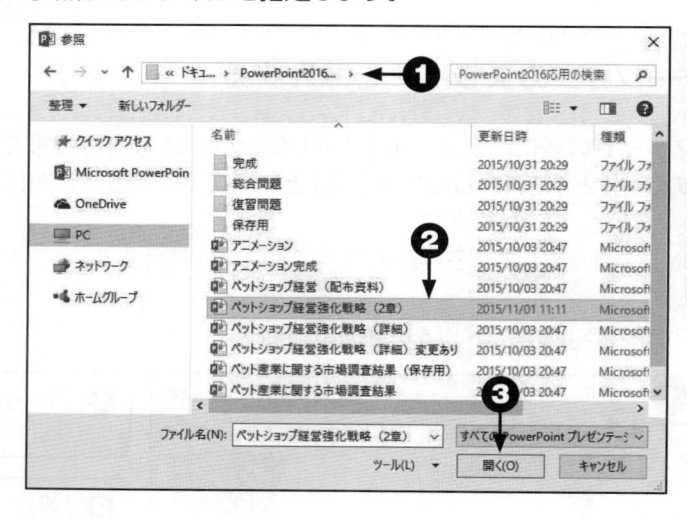

❶ アドレスバーに「Power
Point2016応用」と表示さ
れていることを確認します。

❷ 「ペットショップ経営強化戦略
（2章）」をクリックします。

❸ [開く] をクリックします。

Step 5 挿入するスライドの1枚目を指定します。

💡 ヒント

スライドを再利用すると
きのテーマ
異なるテーマが設定され
ているスライドを再利用
した場合、現在開いてい
るプレゼンテーションに
設定されているテーマが
自動的に設定されます。
[スライドの再利用] ウィ
ンドウの[元の書式を保
持する] チェックボック
スをオンにすると、元の
書式を維持したままスラ
イドが挿入されます。

❶ 「ペットに対する意識の変化」
と「これからのサービス」の
スライドが表示されるまでス
クロールします。

❷ 「ペットに対する意識の変化」
のスライドをクリックします。

❸ 選択したスライドが6枚目に
挿入されたことを確認します。

Step 6 挿入するスライドの2枚目を指定します。

❶ 「これからのサービス」のスラ
イドをクリックします。

❷ 選択したスライドが7枚目に
挿入されたことを確認します。

Step 7 [閉じる] ボタンをクリックして [スライドの再利用] ウィンドウを閉じます。

他スライドへのハイパーリンク

「ハイパーリンクを設定する」では、任意の文字列に対してハイパーリンクを設定しました。ここでは、「動作設定ボタン」を使用して他のプレゼンテーションのスライドにハイパーリンクを設定する方法を学習します。

操作 👉 他のスライドへのハイパーリンクを設定する

8枚目のスライドの右下に動作設定ボタンを作成して、ファイル「ペットショップ経営強化戦略（2章）」の12枚目のスライドにハイパーリンクを設定しましょう。

Step 1 サムネイルをクリックして8枚目のスライドに切り替えます。

Step 2 図形の一覧を表示します。

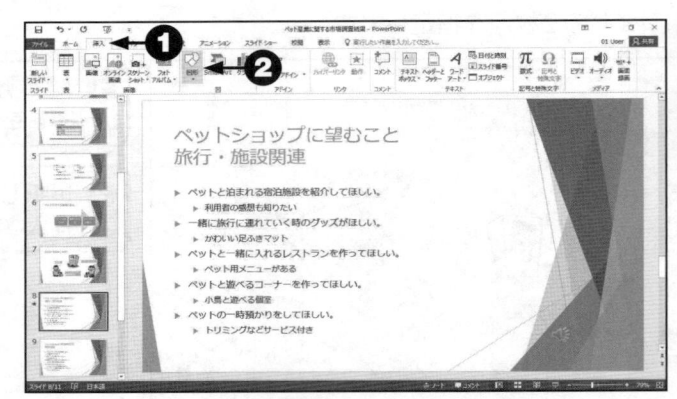

> ❶ ［挿入］タブをクリックします。
>
> ❷ ［図形］ボタンをクリックします。

Step 3 ドキュメントへのハイパーリンクを設定する動作ボタンを選択します。

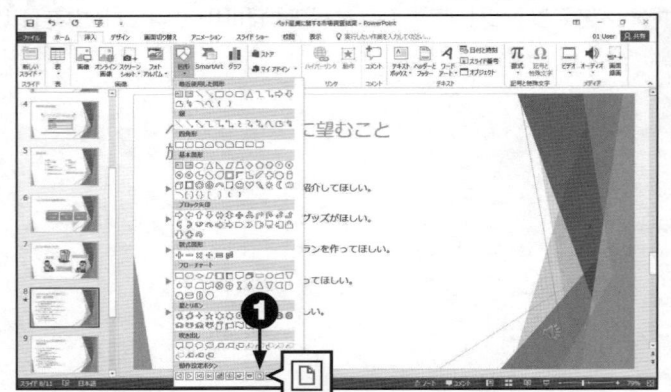

> ❶ 動作設定ボタンの［動作設定ボタン：ドキュメント］をクリックします。

Step 4 動作設定ボタンを作成して［オブジェクトの動作設定］ダイアログボックスを表示します。

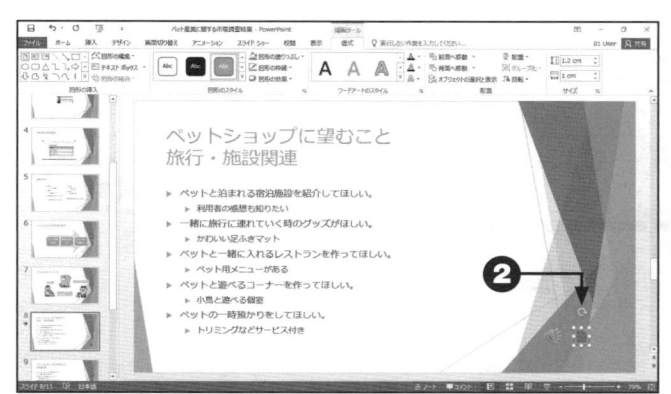

❶ スライドの右下の空白の領域をポイントしてマウスポインターの形が ＋ になっていることを確認します。

❷ 右下方向へドラッグしてマウスポインターを離します。

Step 5 ［オブジェクトの動作設定］ダイアログボックスが開きます。

❶ ［マウスのクリック］タブが選択されていることを確認します。

❷ ［ハイパーリンク］をクリックします。

❸ ［ハイパーリンク］ボックスの一覧から［その他のPowerPointプレゼンテーション］をクリックします。

Step 6 ハイパーリンクを設定するプレゼンテーションを指定します。

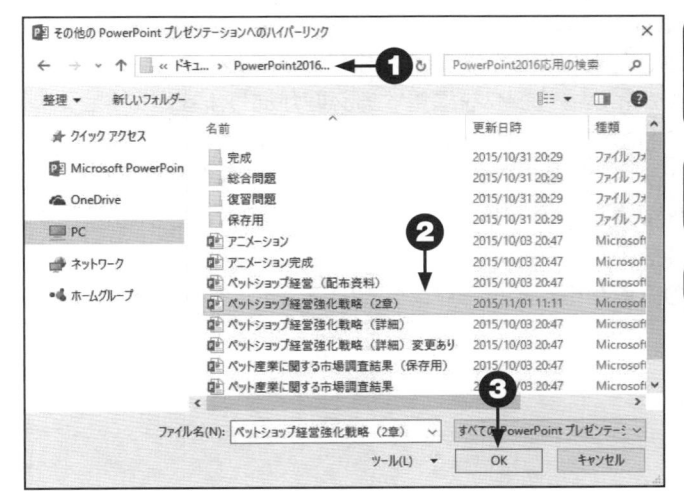

❶ アドレスバーに「PowerPoint2016応用」と表示されていることを確認します。

❷ 「ペットショップ経営強化戦略（2章）」をクリックします。

❸ ［OK］をクリックします。

ハイパーリンクを設定するスライドを指定します。

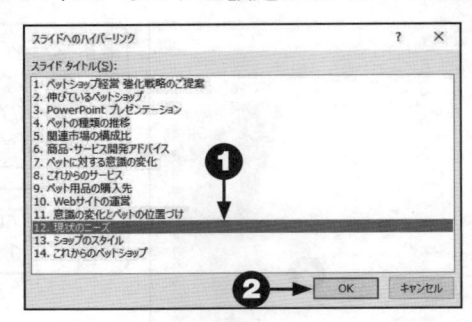

❶ ［スライドタイトル］の一覧から［12.現状のニーズ］をクリックします。

❷ ［OK］をクリックします。

［ハイパーリンク］ボックスにスライドへのハイパーリンクが設定されたことを確認します。

❶ ［OK］をクリックします。

動作設定ボタン以外の空白部分をクリックして選択を解除します。

💡 ヒント **設定済みのリンク先を編集するには**

動作設定ボタンに挿入したハイパーリンクは、プレゼンテーションファイルを別のフォルダーに移動したときに自動更新されません。プレゼンテーションを別のフォルダーに移動した場合は、ハイパーリンクを編集する必要があります。

設定済みのリンク先を編集するには、動作設定ボタンを右クリックし、［ハイパーリンクの編集］をクリックします。［オブジェクトの動作設定］ダイアログボックスが表示されるので、［クリック時の動作］の［ハイパーリンク］が選択されていることを確認し、▼をクリックして、一覧から［その他のPowerPointプレゼンテーションへのハイパーリンク］を選択します。ファイルの一覧からハイパーリンク先のファイルをクリックし、［OK］をクリックします。

操作 👈 動作設定ボタンの動作を確認する

Step 1 現在のスライドからスライドショーを実行します。

Step 2 ハイパーリンクの動作を確認します。

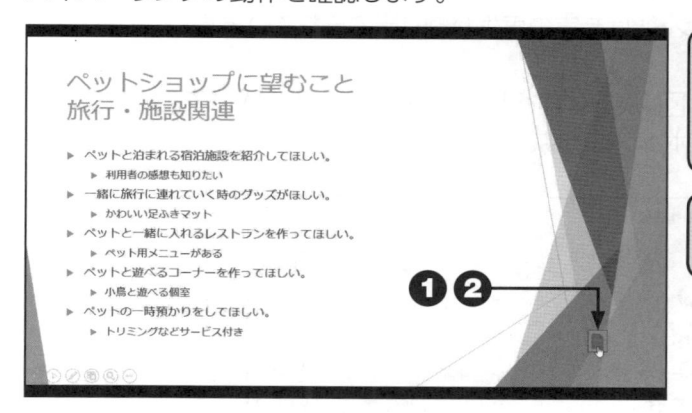

❶ 動作設定ボタンをポイントしてマウスポインターの形が 🖑 になっていることを確認します。

❷ ポイントしている位置をクリックします。

Step 3 ハイパーリンク先のファイル「ペットショップ経営強化戦略 (2章)」の12枚目のスライドがスライドショーで表示されます。

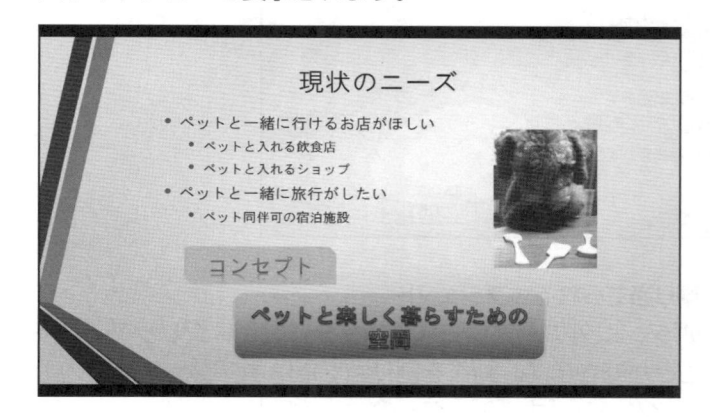

Step 4 **Esc**キーを2回押してスライドショーを終了します。

Step 5 ファイル「ペット産業に関する市場調査結果」を [保存用] フォルダーに保存します。

Step 6 [ファイル] タブの [閉じる] をクリックしてファイル「ペット産業に関する市場調査結果」を閉じます。

オブジェクトの動作について

■その他の動作設定ボタン
動作設定ボタンには、あらかじめ動作が割り当てられているものがあります。例えば、◁ [戻る／前へ]、▷ [進む／次へ]、◁| [最初]、|▷ [最後] などは、プレゼンテーション内を移動する動作が割り当てられています。
◁) [サウンド] は音声の再生が割り当てられています。

下の図は◁ [戻る／前へ] ボタンを作成したときに表示される [オブジェクトの動作設定] ダイアログボックスです。

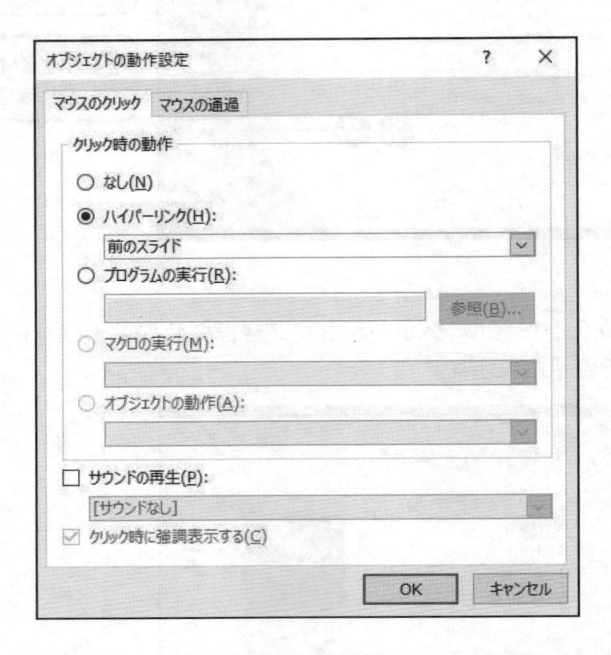

■動作を割り当てられるオブジェクト
動作設定ボタン以外に、プレースホルダー、図形、クリップアート、画像などにも動作を割り当てることができます。動作を割り当てたいオブジェクトをクリックし、[挿入] タブの [動作] をクリックして、[オブジェクトの動作設定] ダイアログボックスで設定します。

📶 この章の確認

☐ アウトラインが設定されたWord文書からプレゼンテーションを作成できますか？

☐ スクリーンショットを使ってWordの表をスライドに貼り付けることができますか？

☐ Excelの表をPowerPointの表として貼り付けることができますか？

☐ Excelの表をExcelのオブジェクトとして貼り付けることができますか？

☐ Excelのファイルへハイパーリンクを設定することができますか？

☐ ハイパーリンクの設定を確認することができますか？

☐ オーディオファイルをスライドに挿入することができますか？

☐ ビデオファイルをスライドに挿入することができますか？

☐ 挿入したビデオをトリミング（開始時間と終了時間の指定）することができますか？

☐ 他のプレゼンテーションからスライドを挿入することができますか？

☐ 動作設定ボタンにハイパーリンクを設定することができますか？

ポイントカードの市場についてのプレゼンテーションを完成させましょう。

完成例

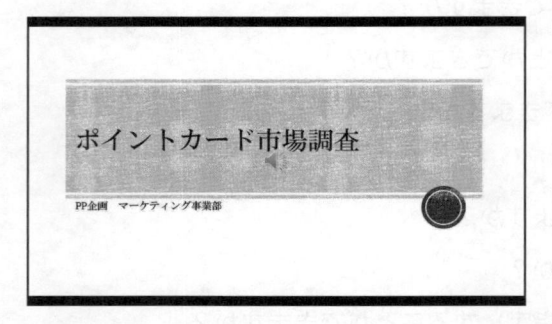

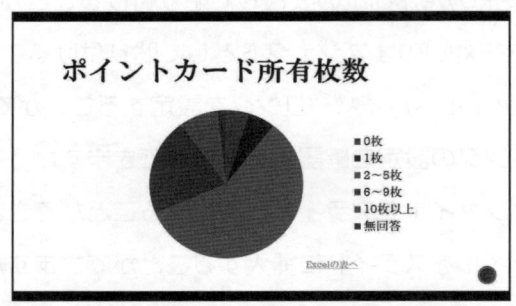

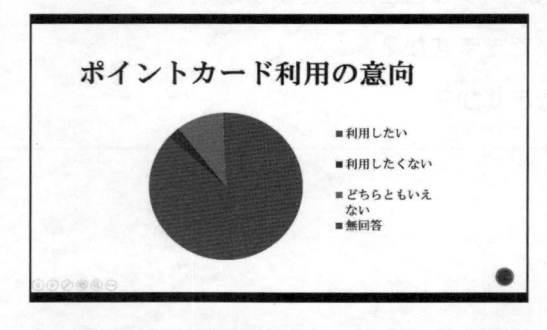

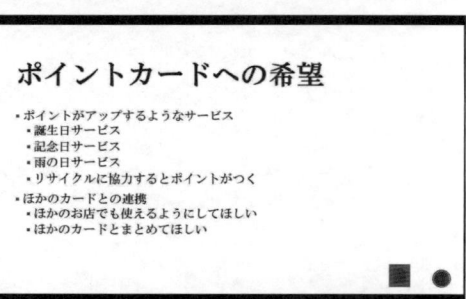

1. ファイル「復習2-1　ポイントカードの市場」を開きましょう。

2. Wordファイル「復習2-1　ポイントカードに関する資料」を開き、4枚目のスライドのタイトル領域の2行目に、見出し「利用する主な店舗・施設」を貼り付けましょう。

3. Wordファイル「復習2-1　ポイントカードに関する資料」の「ポイントカードへの不満」の下にある箇条書き「カードを忘れるとポイントがつかない」から「ポイントの残高がわかりづらい」までを5枚目のスライドのコンテンツ領域に貼り付けましょう（貼り付け先のテーマを使用）。

4. 4枚目のスライドに、Wordファイル「復習2-1　ポイントカードに関する資料」の「利用する主な店舗・施設」の表を、スクリーンショットの画面領域を指定する機能を利用してコンテンツ領域に貼り付けましょう。

5. 貼り付けた表を、完成例を参考に大きさを拡大して、スライドの中央に移動しましょう。

6. 2枚目のスライドの「Excelの表へ」の文字列に、[復習問題] フォルダーにあるExcelファイル「復習2-1　ポイントカード市場調査」へハイパーリンクを設定しましょう。

7. 1枚目のスライドに、オーディオファイル「大きな古時計」を挿入して、自動再生するように設定しましょう。

8. 6枚目のスライドの右下に、[動作設定ボタン：ドキュメント] を挿入し、ファイル「復習2-1　ICカードのご提案」の7枚目のスライド「今後のサービス」へハイパーリンクを設定しましょう。

9. スライドショーで表示して、ハイパーリンク先を確認しましょう。

10. ファイルに「復習2-1　ポイントカードの市場（完成）」という名前を付けて [保存用] フォルダーに保存しましょう。

第**3**章

アニメーションの活用

■ 効果を上げるアニメーションの活用
■ 連続したアニメーションの作成

効果を上げるアニメーションの活用

アニメーションの基礎知識

■ 概要

アニメーションはスライドの構成要素に印象の強弱をもたらします。

スライドの一部を強調することは書式設定でも可能ですが、アニメーションを使うと、特定の箇所をどのタイミングで見て欲しいかを発表者がコントロールすることができます。

アニメーション機能は非常に多彩であり、組み合わせれば無限とも言えるパターンを作れます。

効果的に活用するには、「何を」強調したいのか、「いつ」見せたいのか、また「一度に」見せたいのか、「話しながら順番に」見せたいのかなど、自分の説明したいことに沿って設定します。

板書やOHPといった旧来の発表ツールでも、要点に赤線を引いたり、箇所書きから引き出し線を付けてまとめの文に導いたりといった演出を加えていました。これらを再現するようなアニメーションを設定することも可能です。

■ 種類

アニメーションには大きく分けて次の4種類があります。

・開始

　非表示のオブジェクトを表示するアニメーション。説明に合わせて表示させたい部分に使用する。

・強調

　すでに表示されているオブジェクトを強調して表示するアニメーション。説明の途中でアピールしたい部分に使用する。

・終了

　すでに表示されているオブジェクトを非表示にするアニメーション。説明が終わった後で消したい部分に使用する。

・アニメーションの軌跡

　すでに表示されているオブジェクトを設定した線に沿って移動させるアニメーション。動きに変化をつけたい部分に使用する。

■ 主なアニメーション

図は代表的な例で作成しています。それぞれさらに詳細な動きの方向を設定することができます。

スライドイン

オブジェクトが移動しながら画面に表示される。

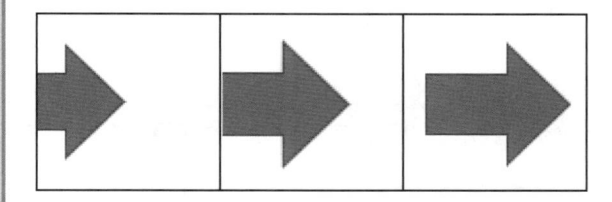

ワイプ

オブジェクトが上下左右方向から徐々に表示、あるいは消去される。wipeは「拭き取る」、「ぬぐう」の意味。

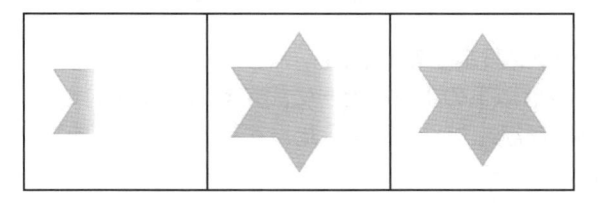

ズーム

開始時に適用すると、大きくなりながら現れる「イン」を設定できる。
終了時に適用すると、徐々に小さくなって消える「アウト」を設定できる。

ディゾルブ

少しずつ現れる、あるいは欠けていく動き。「開始」に「ディゾルブイン」、「終了」に「ディゾルブアウト」を設定できる。dissolveは「溶ける」、「溶かす」の意味。

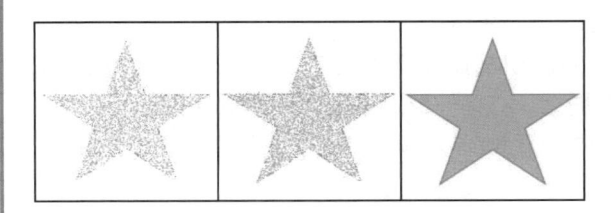

アピール
一瞬のうちに現れる。

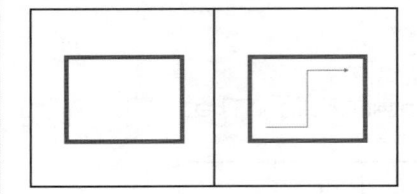

フェード
薄い状態から徐々に表示される、あるいは徐々に薄くなって消える。

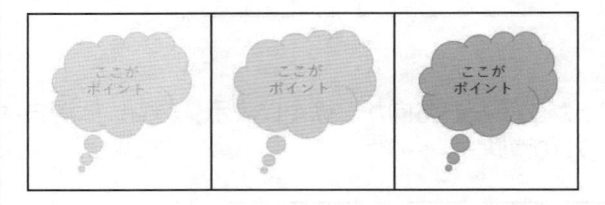

■ アニメーションを設定するポイント
アニメーションは以下のようなときに設定すると効果的です。
・聞き手が文章を読んだり、図を見たりするタイミングをコントロールしたいとき
　　例：箇条書きやフローチャート、グラフに使う
・画面のなかでどこに注目してほしいかを確実に指定したいとき
　　例：OHPのフィルムのように強調するオブジェクトを追加する
・印象を強めたいとき
　　例：キーワードやキャッチコピーなどにインパクトのある動きを付けて全体の印象を
　　　　強める

■ 成功するアニメーション設定のチェックポイント
聞き手が発表者の話に集中できるか
・強調したいものだけに設定する
・視線の自然な動きに合わせて設定する
・テキスト、ワードアート、表など文字を読ませるものには早い動きをつける
・文字を読ませる必要はない。あまり遅いと発表者の話が中断してしまう
・意味なくほかのオブジェクトを隠すような動きは避ける

話の流れに沿っているか
・同じレベルのものには同じ種類のアニメーションを設定する
・説明する順序とアニメーションの順序を同じにする
・アニメーションを動かしたあと言葉で説明する場合は消える動きにしない

操作 👉 アニメーションの完成例を確認する

完成例「アニメーション完成」を開き、これから設定するアニメーションの内容を確認しましょう。

Step 1 [PowerPoint2016応用] フォルダーのファイル「アニメーション完成」を開きます。

Step 2 スライドショーを実行します。

Step 3 アニメーションを確認します。

❶ マウスの左ボタンをクリックして、スライドを次々に表示していきます。スライドにアニメーションが設定されている場合は、クリックするとアニメーションが再生されます。

Step 4 [スライドショーの最後です。クリックすると終了します。] と表示されたらクリックしてスライドショーを終了します。

Step 5 [ファイル] タブの [閉じる] をクリックしてファイル「アニメーション完成」を閉じます。

流れに沿ったアニメーションの作成

箇条書きがたくさんあるスライドや、重要なフローチャートをじっくり説明したいときは、アニメーションを設定すると話の流れを伝えやすくすることができます。

操作👉 箇条書きを表示するアニメーションを設定する

ファイル「アニメーション」を開き、10枚目のスライドの箇条書きを表示するアニメーションを設定しましょう。

Step 1 [PowerPoint2016応用] フォルダーのファイル「アニメーション」を開きます。

Step 2 サムネイルをクリックして10枚目のスライドに切り替えます。

Step 3 箇条書きを選択して、アニメーションの一覧を表示します。

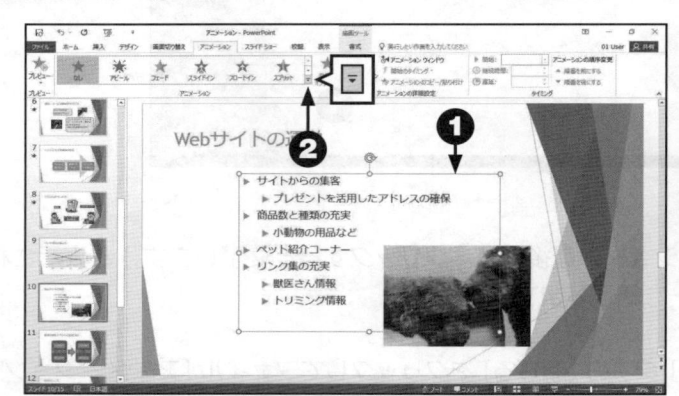

❶ 箇条書きのプレースホルダーをクリックします。

❷ [アニメーション] タブをクリックし、[アニメーション] グループの [その他] ボタンをクリックします。

Step 4 アニメーションを設定します。

❶ [開始] の [フロートイン] をクリックします。

❷ 箇条書きが4つのグループごとに下から浮かび上がるように表示されることを確認します。

Step 5 箇条書きのアニメーションの速さを変更します。

第 3 章　アニメーションの活用

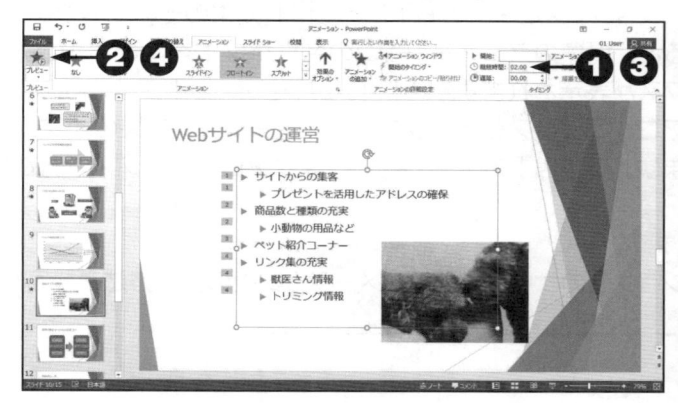

ヒント

ダイアログボックスによる継続時間の設定

[アニメーション] グループの [効果のその他のオプションを表示] ボタンをクリックして表示される [フロートアップ] ダイアログボックスの [タイミング] タブの [継続時間] ボックスを使うと、[5秒 (さらに遅く)] から [0.5秒 (さらに速く)] までの5段階で継続時間を指定することができます。

❶ [継続時間] ボックスに「02.00」と入力します。

❷ [プレビュー] ボタンをクリックして、アニメーションの速さが遅くなることを確認します。

❸ [継続時間] ボックスに「00.50」と再入力します。

❹ [プレビュー] ボタンをクリックして、アニメーションの速さが速くなることを確認します。

Step 6 アニメーション効果のオプションを変更します。

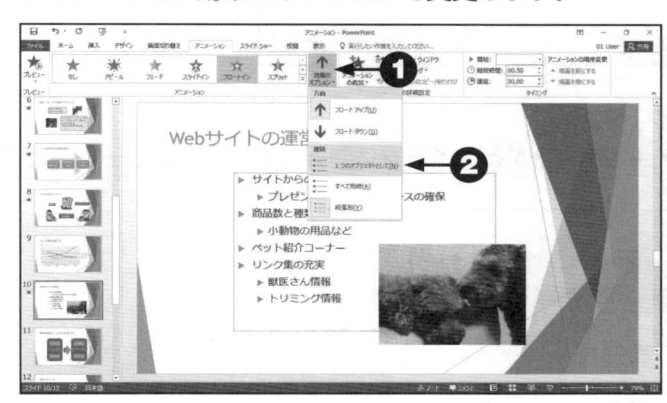

❶ [効果のオプション] ボタンをクリックします。

❷ [連続] の [1つのオブジェクトとして] をクリックします。

❸ 箇条書き全体がまとめて表示されることを確認します。

[効果のオプション] ダイアログボックス

　[アニメーション] グループの右下にある 🔲 [効果のその他のオプションを表示] ボタンをクリックすると、対象のアニメーションの名称がタイトルに付いた効果のオプションのダイアログボックスが表示されます。(例:[フロートアップ] ダイアログボックスなど)

このダイアログボックスの各タブで、アニメーション効果のオプションを詳細に設定することができます。以下は [フロートアップ] ダイアログボックスの例です。

[効果] タブ

アニメーション時のサウンドやアニメーション後の表示方法を設定します。

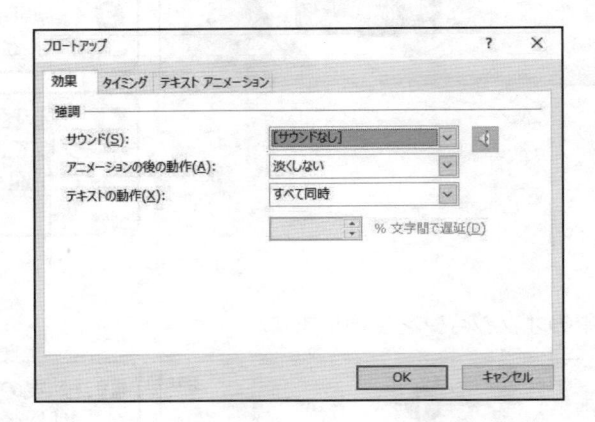

[タイミング] タブ

アニメーションを開始するタイミングやアニメーションの速さなどを設定します。

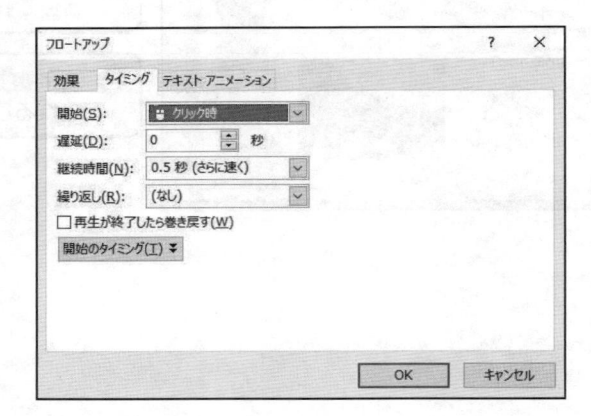

[テキストアニメーション] タブ

テキストのアニメーションに対し、グループ化する段落レベルなどを設定します。

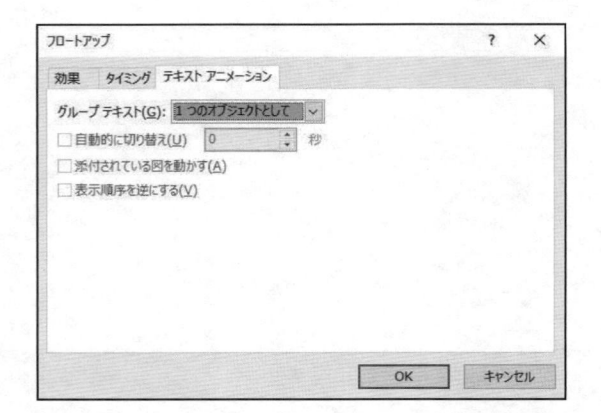

11枚目のスライドの角丸四角形のオブジェクトをグループ化してアニメーションを設定しましょう。

Step 1 サムネイルをクリックして、11枚目のスライドに切り替えます。

Step 2 左側の3つの角丸四角形を選択します。

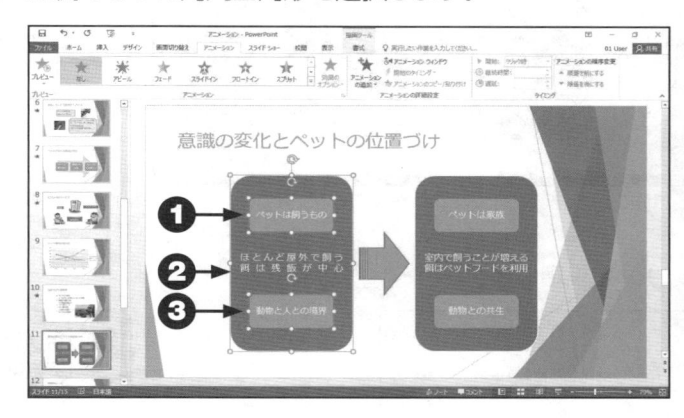

❶「ペットは飼うもの」をクリックします。

❷ **Shift**キーを押したまま、「ほとんど屋外で飼う」をクリックします。

❸ **Shift**キーを押したまま、「動物と人との境界」をクリックします。

Step 3 選択した3つの角丸四角形をグループ化します。

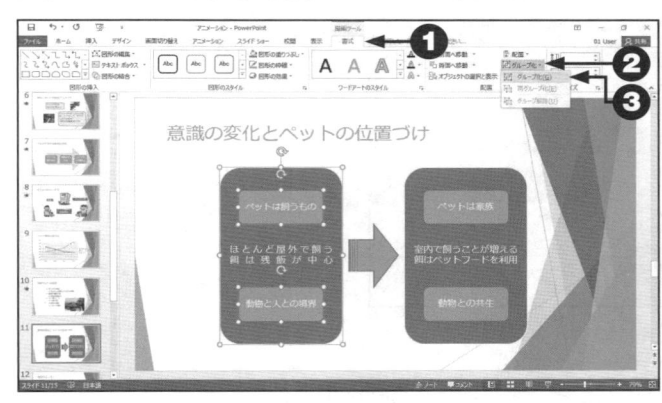

❶ [描画ツール] の[書式] タブをクリックします。

❷ [オブジェクトのグループ化] ボタンをクリックします。

❸ [グループ化] をクリックします。

Step 4 オブジェクトがグループ化されました。

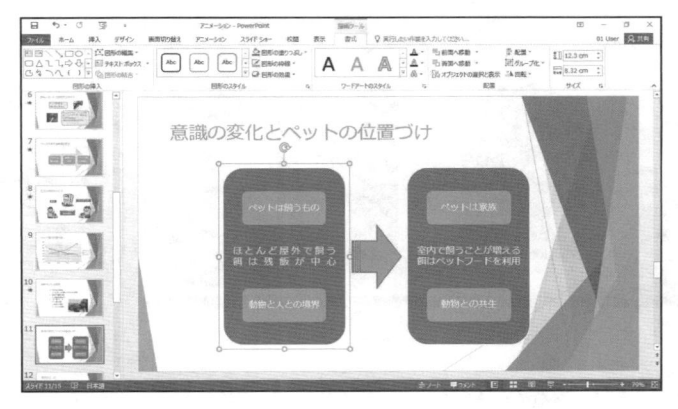

Step 5 同様にして右側の3つの角丸四角形をグループ化します。

Step 6 左側のオブジェクトを選択して、アニメーションの一覧を表示します。

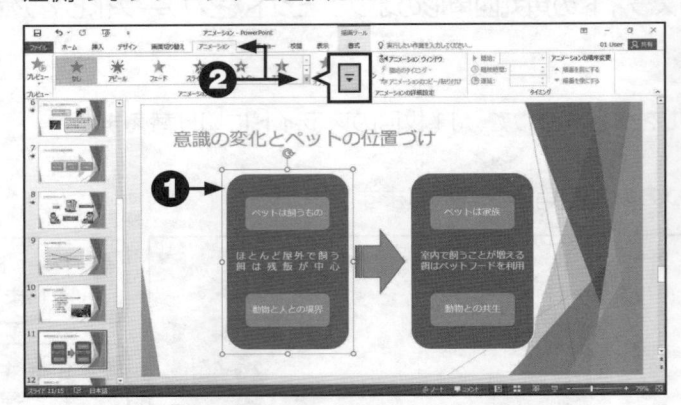

❶ 左側のオブジェクトをクリックします。

❷ [アニメーション] タブをクリックし、[アニメーション] グループの [その他] ボタンをクリックします。

Step 7 アニメーションを設定します。

❶ [開始] の[図形] をクリックします。

Step 8 アニメーション効果のオプションを変更します。

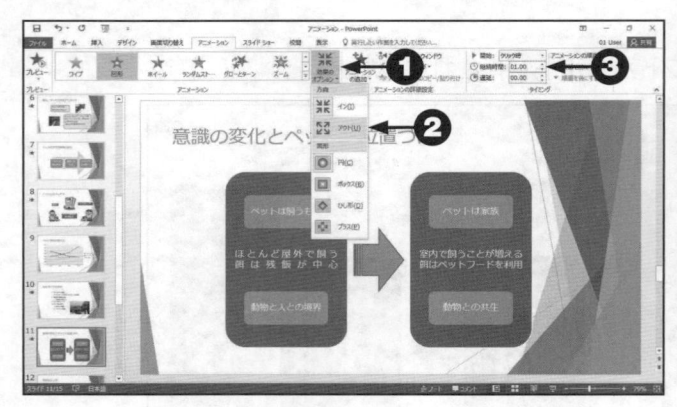

❶ [効果のオプション] ボタンをクリックします。

❷ [方向] の[アウト] をクリックします。

❸ [継続時間] ボックスの数値を「02.00」から「01.00」に変更します。

Step 9 [プレビュー] ボタンをクリックして、グループ化したオブジェクトが一緒に表示されることを確認します。

アニメーションのコピー /貼り付けを使用して、左側のオブジェクトに設定したアニメーションを右側のオブジェクトにも設定しましょう。

Step 1 アニメーションをコピーします。

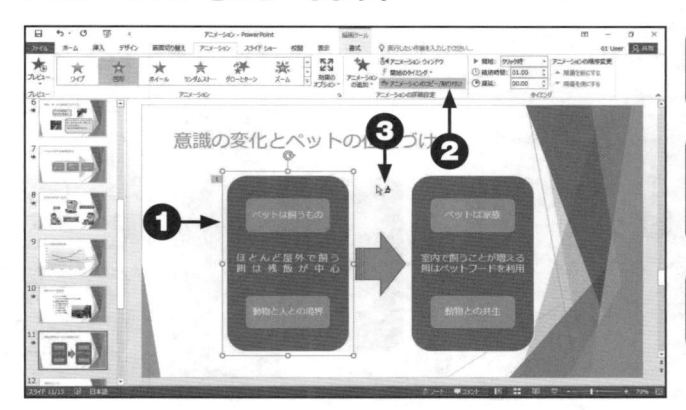

❶ 左側のオブジェクトをクリックします。

❷ [アニメーションのコピー/貼り付け] ボタンをクリックします。

❸ マウスポインターが の形に変わります。

Step 2 アニメーションを貼り付けます。

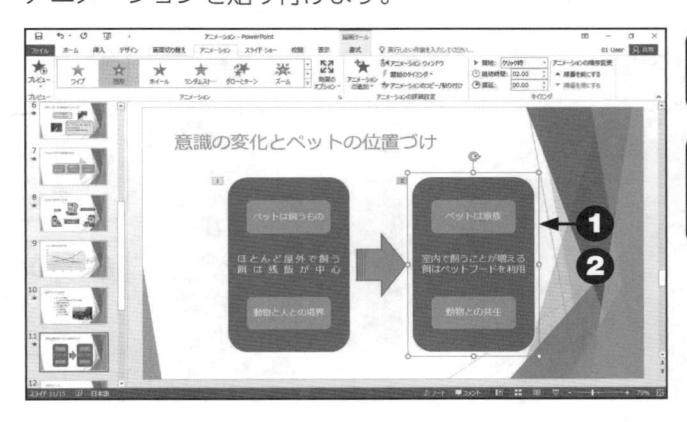

❶ 右側のオブジェクトをクリックします。

❷ 右側のオブジェクトにアニメーションが貼り付けられたことを確認します。

💡 ヒント **アニメーションの連続貼り付け**

[アニメーションのコピー /貼り付け] ボタンをダブルクリックすると、複数のオブジェクトへ連続して同じアニメーションを貼り付けられるようになります。[アニメーションのコピー /貼り付け] ボタンをもう一度クリックすれば、この状態は解除されます。

11枚目のスライドのストライプ矢印にアニメーションを設定し、2番目にアニメーションが
実行されるように変更しましょう。

Step 1 ストライプ矢印を選択して、アニメーションを設定します。

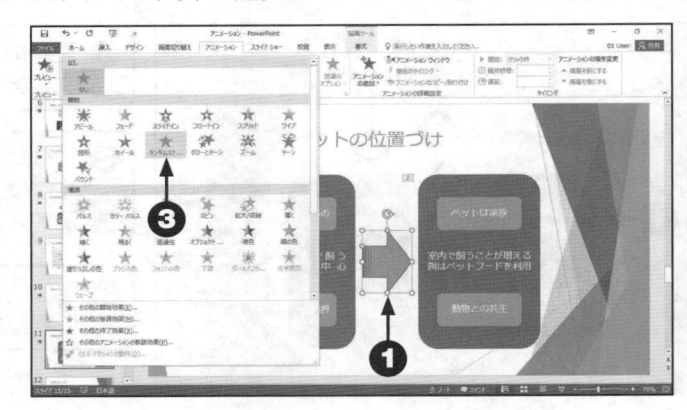

❶ ストライプ矢印をクリックします。

❷ [アニメーション] グループの [その他] ボタンをクリックします。

❸ [開始] の[ランダムストライプ] をクリックします。

Step 2 アニメーション効果のオプションを変更します。

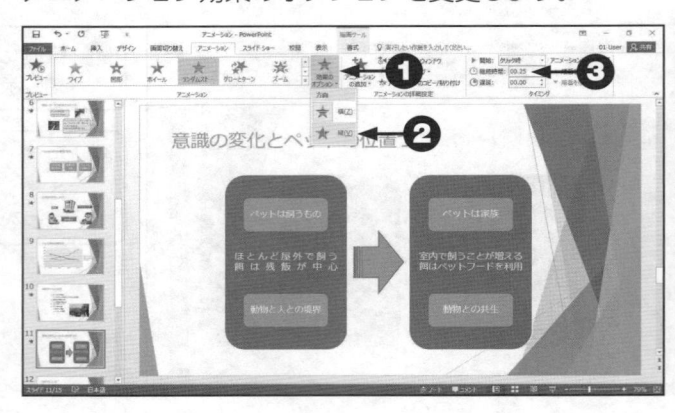

❶ [効果のオプション] ボタンをクリックします。

❷ [方向] の[縦] をクリックします。

❸ [継続時間] ボックスの数値を 「00.50」 から「00.25」 に変更します。

Step 3 [プレビュー] ボタンをクリックして、ストライプ矢印のアニメーションが最後（3番目）に再生されることを確認します。

Step 4 ストライプ矢印のアニメーションの再生順序を変更します。

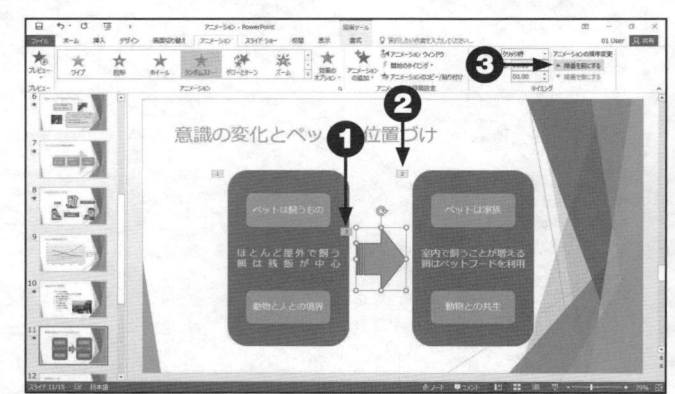

❶ ストライプ矢印の左上に[3] とオレンジ色で表示されていることを確認します。

❷ 右側のオブジェクトの左上に [2] と表示されていることを確認します。

❸ [順番を前にする] をクリックします。

Step 5 右矢印のアニメーションの再生順序が変更されました。

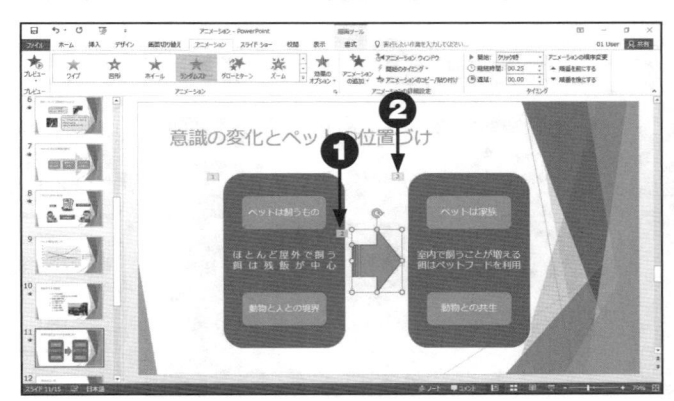

❶ ストライプ矢印の左上の表示が[3]から[2]に変わったことを確認します。

❷ 右側のオブジェクトの左上の表示が[2]から[3]に変わったことを確認します。

Step 6 [プレビュー]ボタンをクリックして、ストライプ矢印のアニメーションが2番目に再生されることを確認します。

操作 SmartArtグラフィックにアニメーションを設定する

7枚目のスライドのSmartArtグラフィックにアニメーションを設定しましょう。

Step 1 サムネイルをクリックして7枚目のスライドに切り替えます。

Step 2 SmartArtグラフィックを選択して、アニメーションを設定します。

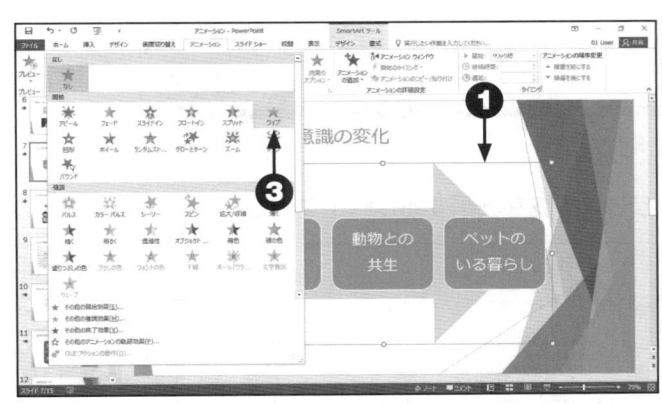

❶ SmartArtグラフィックをクリックします。

❷ [アニメーション]グループの[その他]ボタンをクリックします。

❸ [開始]の[ワイプ]をクリックします。

Step 3　アニメーション効果のオプションを変更します。

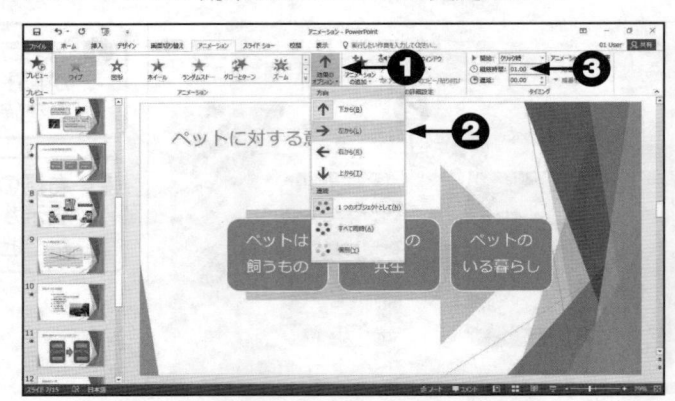

❶ [効果のオプション] ボタンを
　クリックします。

❷ [方向] の[左から] をクリッ
　クします。

❸ [継続時間] ボックスの数値を
　「00.50」から「01.00」に変
　更します。

Step 4　[プレビュー] ボタンをクリックして、SmartArtアニメーションが一度に再生されることを確
　　　　認します。

Step 5　[ワイプ] ダイアログボックスを開きます。

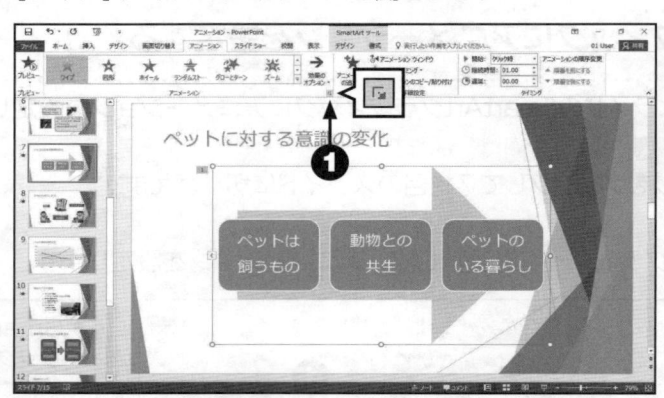

❶ [アニメーション] グループの
　[効果のその他のオプションを
　表示] ボタンをクリックしま
　す。

Step 6　グループグラフィックを表示するレベルを変更します。

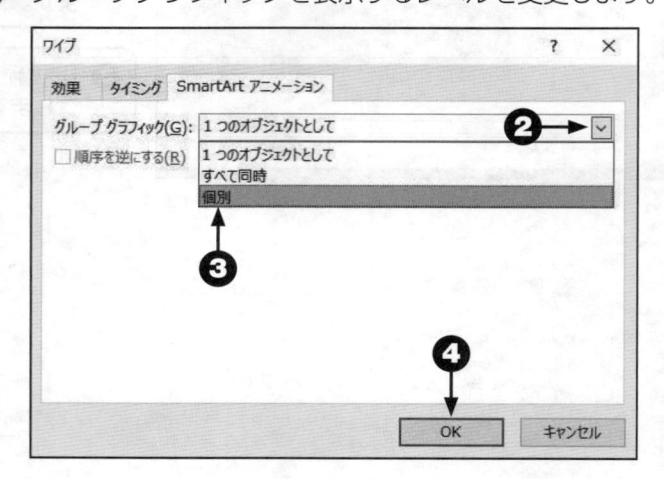

❶ [SmartArtアニメーション]
　タブをクリックします。

❷ [グループグラフィック] ボッ
　クスの▼をクリックします。

❸ [個別] をクリックします。

❹ [OK] をクリックします。

❺ グラフィックが個別に表示さ
　れることを確認します。

操作☞ 重ね効果を設定する

・・・

2枚目のスライドの右中かっこと縦書きの角丸四角形が後から順番に重なるようにアニメーションを設定しましょう。

Step 1 サムネイルをクリックして2枚目のスライドに切り替えます。

Step 2 右中かっこを選択して、アニメーションを設定します。

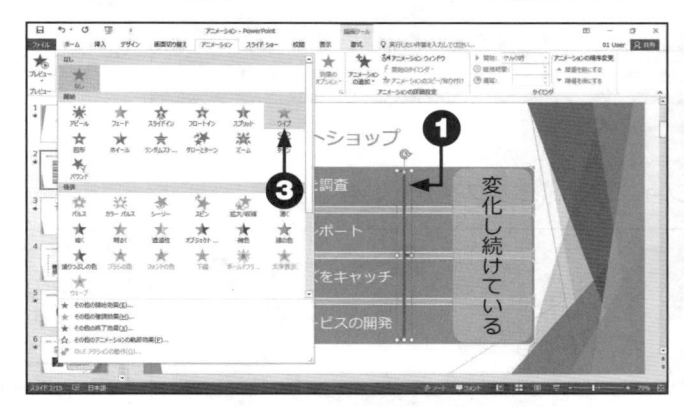

❶ 右中かっこをクリックします。

❷ [アニメーション] グループの [その他] ボタンをクリックします。

❸ [開始] の [ワイプ] をクリックします。

Step 3 アニメーション効果のオプションを変更します。

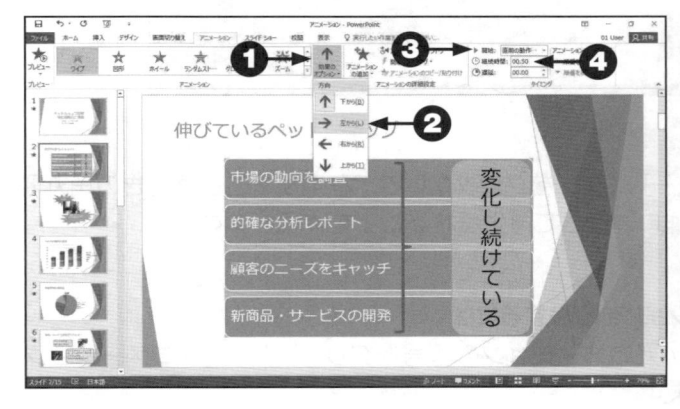

❶ [効果のオプション] ボタンをクリックします。

❷ [方向] の[左から] をクリックします。

❸ [開始] ボックスの一覧で[直前の動作の後] をクリックします。

❹ [継続時間] ボックスに「00. 50」と表示されていることを確認します。

Step 4 縦書きの角丸四角形を選択して、アニメーションを設定します。

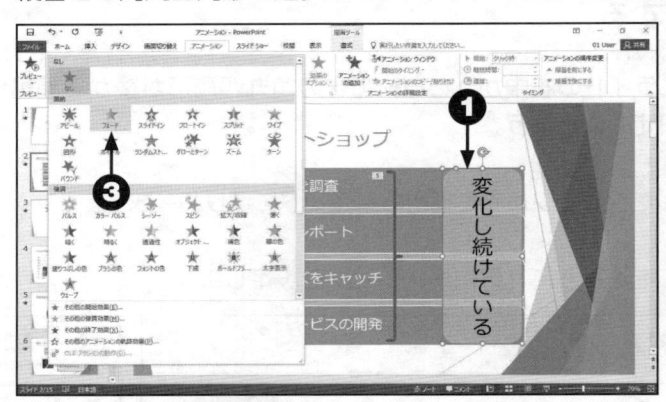

❶ 縦書きの角丸四角形をクリックします。

❷ [アニメーション] グループの [その他] ボタンをクリックします。

❸ [開始] の [フェード] をクリックします。

Step 5 アニメーションのタイミングを変更します。

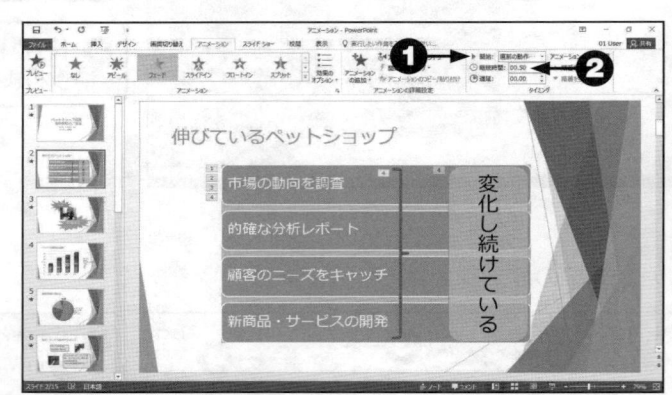

❶ [開始] ボックスの一覧で [直前の動作の後] をクリックします。

❷ [継続時間] ボックスに「00. 50」と表示されていることを確認します。

Step 6 [プレビュー] ボタンをクリックして、右中かっこと縦書きの角丸四角形のアニメーションが直前の動作に連動して再生されることを確認します。

🛑 **重要** **アニメーションを削除するには**

削除したいアニメーションの番号をクリックして [アニメーション] グループの [なし] をクリックします。

連続したアニメーションの作成

1つのオブジェクトに連続したアニメーション効果を設定すると、複雑な動きをする図形のアニメーションなどを表現できます。

■ アニメーションの効果

アニメーションに追加できる効果には、[開始]、[強調]、[終了]、[アニメーションの軌跡]、[OLEアクションの動作] があります。
これらのアニメーションを複数追加して、複雑な動きを付けることができます。

■ 効果の種類

効果の種類	効果の内容
開始効果	未表示部分をアニメーションで表示する
強調効果	既表示部分をアニメーションで強調する
終了効果	既表示部分をアニメーションで消す
アニメーションの軌跡効果	既表示部分をアニメーションで移動させる
OLEアクションの動作	スライドに挿入されたExcelなどの他アプリケーションのオブジェクトを開く

・開始効果の追加

ベーシック
★ アピール	★ くさび形
★ サークル	★ ストリップ
★ スプリット	★ スライドイン
★ チェッカーボード	★ ディゾルブイン
★ ピークイン	★ ひし形
★ ブラインド	★ プラス
★ ホイール	★ ボックス
★ ランダムストライプ	★ ワイプ

あざやか
★ エクスパンド	★ ズーム
★ ターン	★ フェード

控えめ
★ グローとターン	★ コンプレス
★ ストレッチ	★ スピナー
★ フロートアップ	★ フロートダウン
★ ベーシック ズーム	★ ライズ アップ
★ リボルブ	

はなやか
★ カーブ（上）	★ クレジット タイトル
★ スパイラルイン	★ ドロップ
★ バウンド	★ ピンウィール
★ ブーメラン	★ フリップ
★ フロート	★ ベーシック ターン
★ ホイップ	

・強調効果の追加

ベーシック
★ スピン	A フォントの色
★ 拡大/収縮	★ 線の色
★ 塗りつぶしの色	★ 透過性

あざやか
★ オブジェクト カラー	★ カラー コントラスト
★ パルス	★ ブラシの色
B ボールドフラッシュ	★ 暗く
B 下線	★ 薄く
★ 補色	★ 補色 2
★ 明るく	

控えめ
★ カラー パルス	★ カラーで拡大
★ シーソー	★ シマー

はなやか
★ ウェーブ	★ ブリンク
B 太字表示	

・終了効果の追加

ベーシック	
★ くさび形	★ クリア
★ サークル	★ ストリップ
★ スプリット	★ スライドアウト
★ チェッカーボード	★ ディゾルブアウト
★ ピークアウト	★ ひし形
★ ブラインド	★ プラス
★ ホイール	★ ボックス
★ ランダムストライプ	★ ワイプ
あざやか	
★ コントラクト	★ ズーム
★ ターン	★ フェード
控えめ	
★ ゴム	★ コラプス
★ シンク	★ スピナー
★ フロートアップ	★ フロートダウン
★ ベーシック ズーム	★ リボルブ
★ 縮小および回転	
はなやか	
★ カーブ (下)	★ クレジット タイトル
★ スパイラルアウト	★ ドロップ
★ バウンド	★ ピンウィール
★ ブーメラン	★ フリップ
★ フロート	★ ベーシック ターン
★ ホイップ	

・アニメーションの軌跡効果の追加

ベーシック	
♡ ハート	◇ ひし形
フットボール	○ 円
五角形	☾ 三日月
四角形	✦ 星 4
☆ 星 5	星 6
星 8	△ 正三角形
台形	直角三角形
八角形	平行四辺形
涙	六角形
線と曲線	
♪ アーチ (右)	アーチ (下)
アーチ (左)	アーチ (上)
カーブ S 型 (1)	カーブ S 型 (2)
ジグザグ	じょうご
ステップダウン	スパイラル (右へ)
スパイラル (左へ)	スプリング
ターン (右下へ)	ターン (右上へ)
ターン (下へ)	ターン (上へ)
バウンド (右へ)	バウンド (左へ)
鼓動	対角線 (右下へ)
対角線 (右上へ)	直線 (右へ)
直線 (下へ)	直線 (左へ)
直線 (上へ)	波線
波線 (減衰曲線)	波線 (正弦曲線)
湾曲カーブ (右)	湾曲カーブ (左)
特殊	
8 の字 (ダブル)	8 の字 (横)
8 の字 (縦)	スウッシュ
ニュートロン	ピーナッツ
プラス	ループ
曲線 (X 型)	三角形 (転回)
四角形 (曲線)	四角形 (転回)
星 (シャープ)	星 (曲線)
豆	

■ アニメーションの開始のタイミング

複数のアニメーションを効果的に見せるには、アニメーションを開始するタイミングを設定します。開始するタイミングは、[開始] ボックスで選択します。

タイミング	アニメーション効果の開始
クリック時	クリック操作でアニメーション効果を開始します。
直前の動作と同時	直前のアニメーション効果の開始と同時にアニメーション効果を開始します。
直前の動作の後	直前のアニメーション効果の終了後にアニメーション効果を開始します。

操作☞ 開始と軌跡のアニメーションを設定する

15枚目のスライドの星の図形に、クリックすると表示され、続いて右方向へ移動して画面外に消えていくアニメーションを設定しましょう。

Step 1 サムネイルをクリックして15枚目のスライドに切り替えます。

Step 2 星の図形を選択して、アニメーションを設定します。

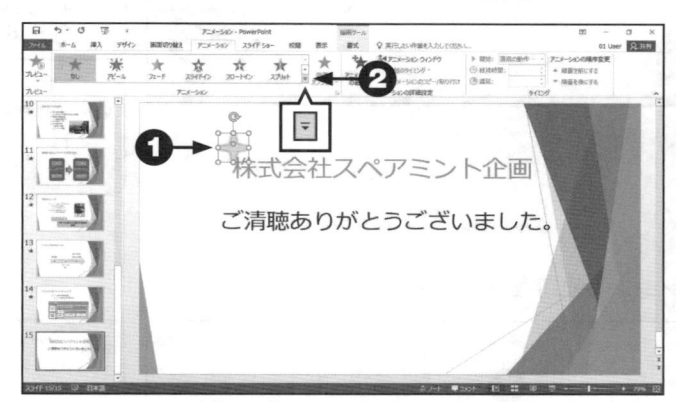

❶ 星の図形をクリックします。

❷ [アニメーション] グループの [その他] ボタンをクリックします。

❸ [開始] の [ホイール] をクリックします。

Step 3 アニメーションのタイミングを変更します。

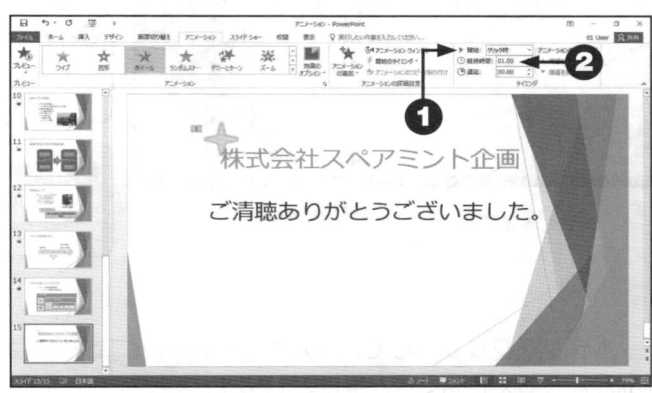

❶ [開始] ボックスに [クリック時] と表示されていることを確認します。

❷ [継続時間] ボックスの数値を「02.00」から「01.00」に変更します。

Step 4 星の図形にアニメーションを追加します。

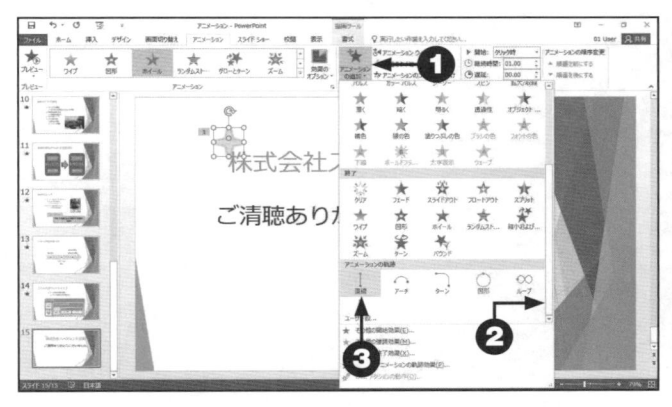

❶ [アニメーションの追加] ボタンをクリックします。

❷ [アニメーションの軌跡] が表示されるまで下方向にスクロールします。

❸ [アニメーションの軌跡] の [直線] をクリックします。

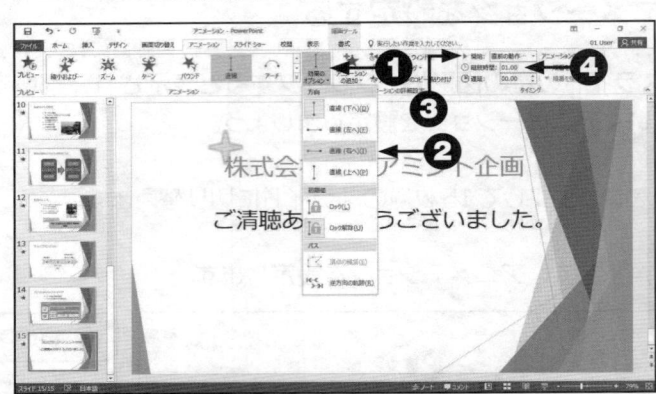

❶ [効果のオプション] ボタンを
クリックします。

❷ [方向] の [直線(右へ)] をク
リックします。

❸ [開始] ボックスの一覧から
[直前の動作の後] をクリック
します。

❹ [継続時間] ボックスの数値を
「02.00」から「01.00」に
変更します。

Step 6 アニメーションの軌跡を変更します。

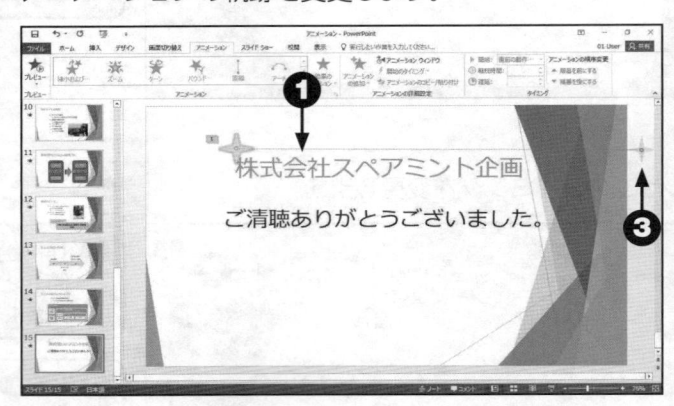

❶ 星の図形に設定されているア
ニメーションの軌跡の破線を
クリックして、ハンドルが三
角形から円に変わったことを
確認します。

❷ 右側のハンドルをポイントす
ると、マウスポインターが
に変わります。

❸ 右側のハンドルを右方向へド
ラッグして、スライドの外側
まで延長します。

Step 7 [プレビュー] ボタンをクリックして、星がホイールのアニメーションで表示され、右方向に
移動して画面の外へ消えていくことを確認します。

15枚目のスライドの「株式会社スペアミント企画」に、星が現れた直後に星の動きに合わせて文字が表示され、自動的に消えていくアニメーションを設定しましょう。

Step 1 「株式会社スペアミント企画」にアニメーションを設定します。

❶ 「株式会社スペアミント企画」をクリックし、表示された外枠の破線をクリックします。

❷ [アニメーション] グループの [その他] ボタンをクリックします。

❸ [開始] の [フェード] をクリックします。

Step 2 [フェード] ダイアログボックスを開きます。

❶ [アニメーション] グループの [効果のその他のオプションを表示] ボタンをクリックします。

Step 3 アニメーションの効果を変更します。

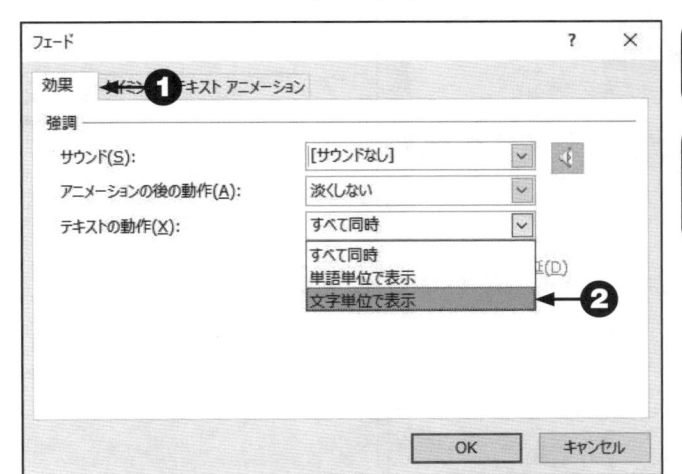

❶ [効果] タブが選択されていることを確認します。

❷ [テキストの動作] ボックスの一覧から [文字単位で表示] をクリックします。

Step 4 アニメーションのタイミングを変更します。

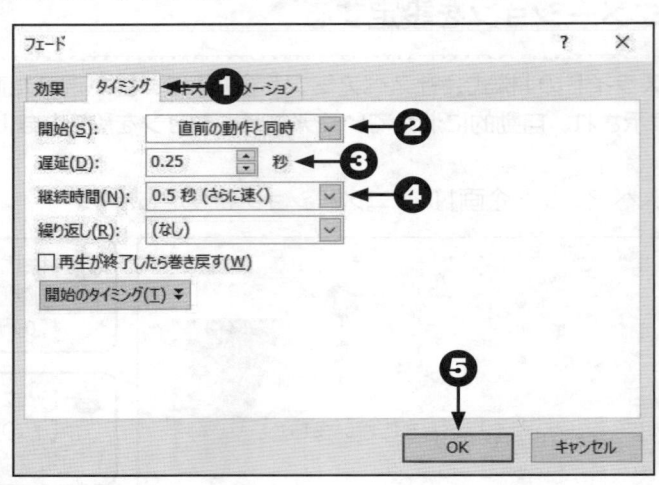

① [タイミング] タブをクリックします。

② [開始] ボックスの一覧の [直前の動作と同時] をクリックします。

③ [遅延] ボックスに「0.25」と入力します。

④ [継続時間] ボックスに [0.5秒（さらに速く）] と表示されていることを確認します。

⑤ [OK] ボタンをクリックします。

Step 5 [終了効果の追加] ダイアログボックスを開きます。

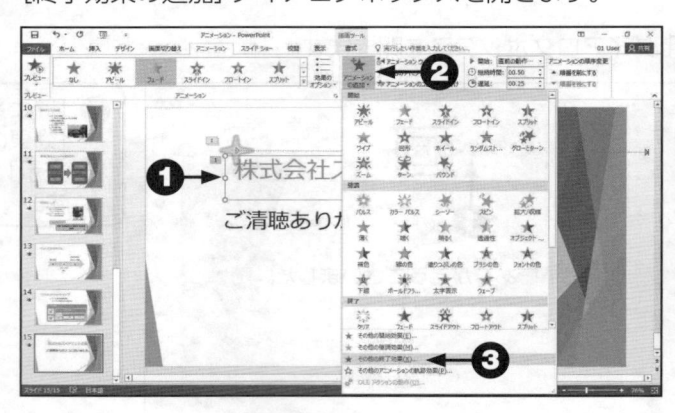

① 「株式会社スペアミント企画」を選択します。

② [アニメーションの追加] ボタンをクリックします。

③ [その他の終了効果] をクリックします。

Step 6 終了のアニメーションを追加します。

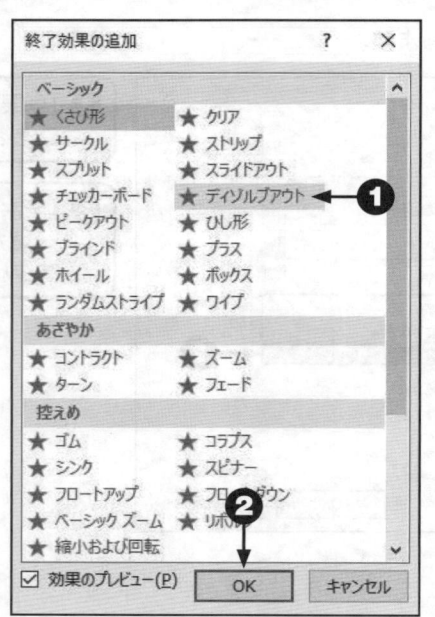

① [ベーシック] の [ディゾルブアウト] をクリックします。

② [OK] をクリックします。

Step 7 アニメーションのタイミングを変更します。

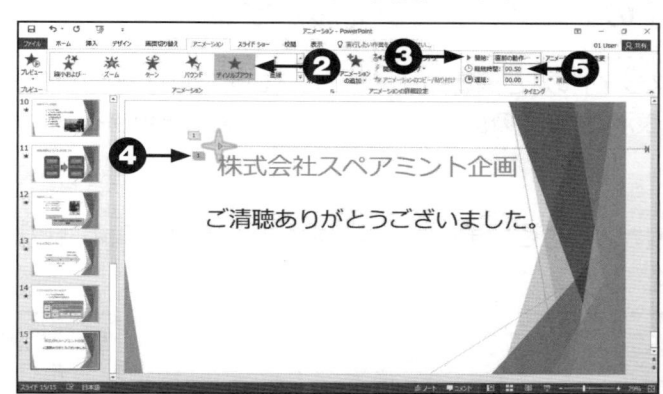

❶「株式会社スペアミント企画」の左側に表示されている数字[2]が選択されていることを確認します。

❷ アニメーション一覧で[ディゾルブアウト]が設定されていることを確認します。

❸[開始]ボックスの一覧の[直前の動作の後]をクリックします。

❹「株式会社スペアミント企画」の左側に表示されている数字が[1]になったことを確認します。

❺[継続時間]ボックスに「00.50」と表示されていることを確認します。

Step 8 [プレビュー]ボタンをクリックして、星に設定された軌跡のアニメーションの動きに合わせて「株式会社スペアミント企画」が表示され、その後消えていくことを確認します。

開始と強調と終了のアニメーションを設定する

15枚目のスライドの「ご清聴ありがとうございました。」が前の動作に続いて、画面の上から1文字ずつ表示され、その後フォントの色を薄い青に変更するアニメーションを設定しましょう。

Step 1　「ご清聴ありがとうございました。」を選択して、[開始効果の変更] ダイアログボックスを開きます。

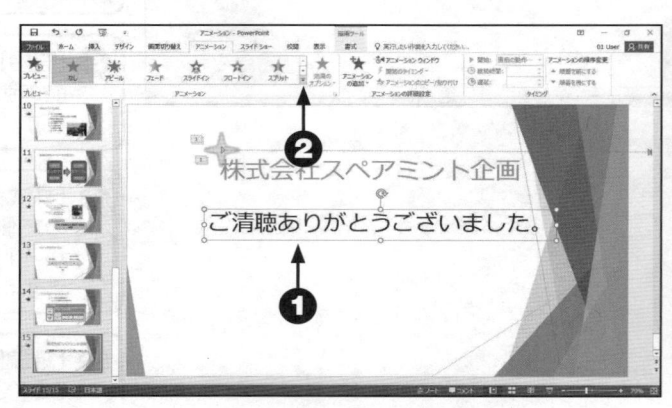

❶ 「ご清聴ありがとうございました。」を選択します。

❷ [アニメーション] グループの [その他] ボタンをクリックします。

❸ [その他の開始効果] をクリックします。

Step 2　アニメーションを設定します。

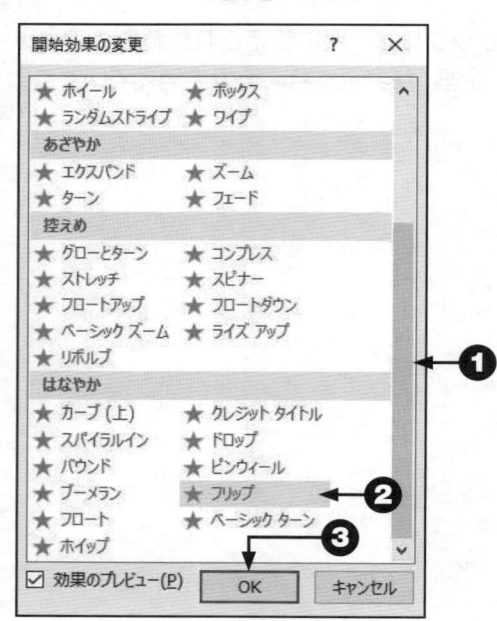

❶ [はなやか] が表示されるまで下方向にスクロールします。

❷ [フリップ] をクリックします。

❸ [OK] をクリックします。

Step 3 アニメーションの設定を変更します。

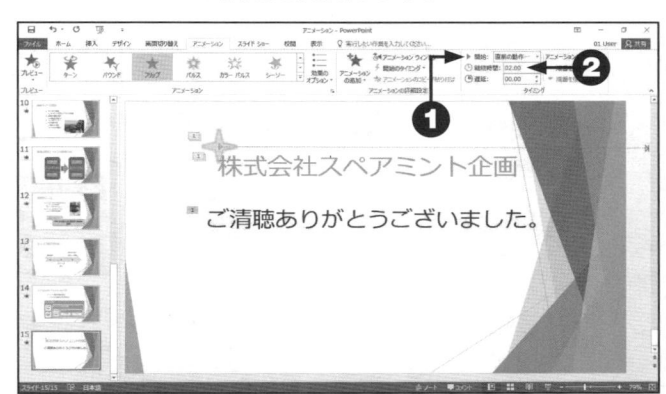

❶ [開始] ボックスの一覧から [直前の動作の後] をクリックします。

❷ [継続時間] ボックスの数値を「01.00」から「02.00」に変更します。

Step 4 [プレビュー] ボタンをクリックして、「ご清聴ありがとうございました。」の文字が画面の上から1文字ずつ降ってくるように表示されることを確認します。

Step 5 強調のアニメーションを追加します。

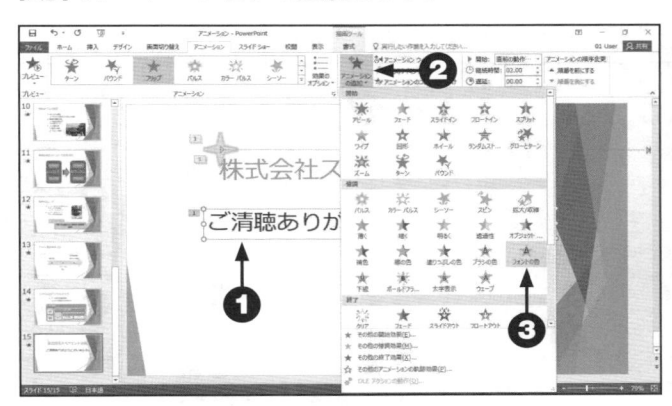

❶ 「ご清聴ありがとうございました。」を選択します。

❷ [アニメーションの追加] ボタンをクリックします。

❸ [強調] の [フォントの色] をクリックします。

Step 6 アニメーション効果のオプションを変更します。

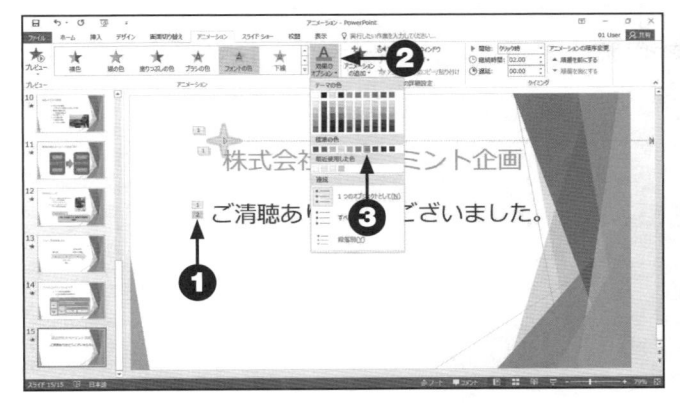

❶ 「ご清聴ありがとうございました。」の左側に表示されている数字のうち、[2] が選択されていることを確認します。

❷ [効果のオプション] ボタンをクリックします。

❸ [標準の色] の[薄い青]（右から4番目）をクリックします。

Step 7 アニメーションのタイミングを変更します。

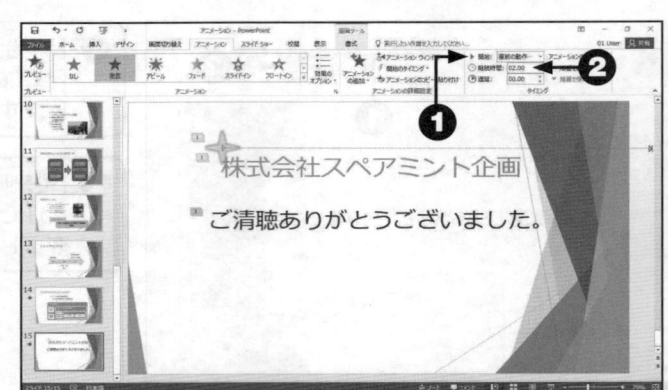

❶ [開始] ボックスの一覧から [直前の動作の後] をクリックします。

❷ [継続時間] ボックスに「02. 00」と表示されていることを確認します。

Step 8 [プレビュー] ボタンをクリックして、「ご清聴ありがとうございました。」の文字が画面の上から1文字ずつ降ってくるように表示された後、文字の色が薄い青に変わることを確認します。

Step 9 終了のアニメーションを追加します。

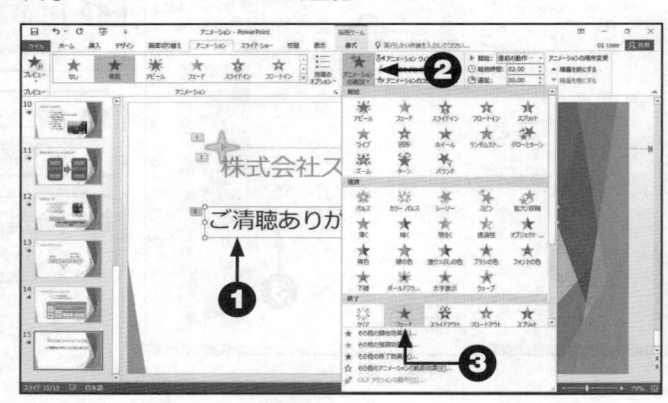

❶ 「ご清聴ありがとうございました。」を選択します。

❷ [アニメーションの追加] ボタンをクリックします。

❸ [終了] の [フェード] をクリックします。

Step 10 [プレビュー] ボタンをクリックして、「ご清聴ありがとうございました。」の文字が画面の上から1文字ずつ降ってくるように表示され、自動的に色が薄い青に変わった後で消えていくことを確認します。

操作 ☞ 複数のアニメーションから1つだけ削除するには

15枚目のスライドの「ご清聴ありがとうございました。」に設定されているアニメーションのうち、終了効果の [フェード] だけを削除してみましょう。

Step 1 「ご清聴ありがとうございました。」に設定されている [フェード] のアニメーションだけを選択します。

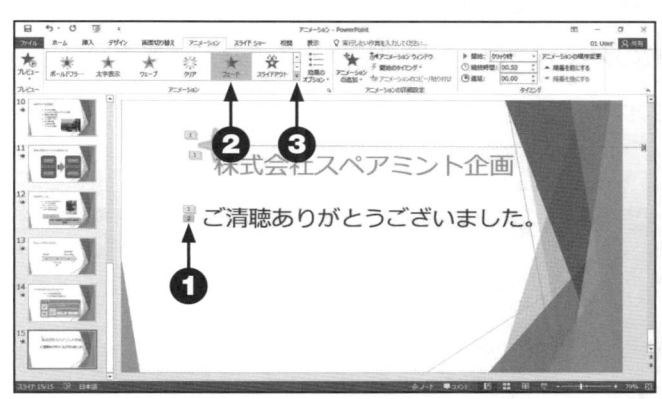

❶ 「ご清聴ありがとうございました。」の左側に表示されている数字のうち、[2] をクリックします。

❷ アニメーション一覧で [フェード] が選択されていることを確認します。

❸ [アニメーション] グループの [その他] ボタンをクリックします。

Step 2 フェードのアニメーションを削除します。

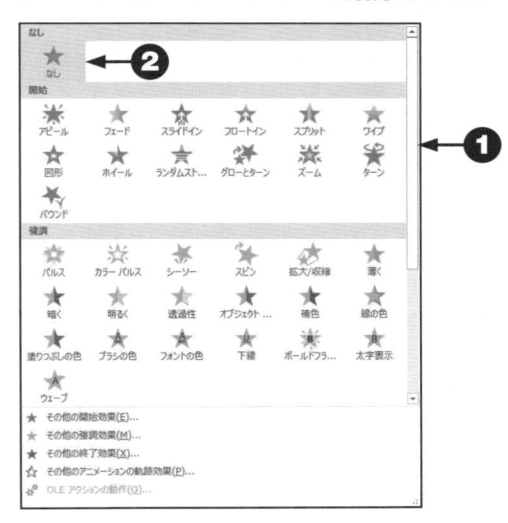

❶ [なし] が表示されるまで、上方向にスクロールします。

❷ [なし] の [なし] をクリックします。

Step 3 [プレビュー] ボタンをクリックして、「ご清聴ありがとうございました。」の文字が画面の上から1文字ずつ降ってくるように表示され、自動的に色が薄い青に変わり、そのまま表示が残っていることを確認します。

Step 4 [ファイル] タブの [名前を付けて保存] をクリックして、ファイル「アニメーション」を [保存用] フォルダーに保存します。

Step 5 [ファイル] タブの [閉じる] をクリックしてファイル「アニメーション」を閉じます。

📶 この章の確認

- ☐ 箇条書きを表示するアニメーションを設定することができますか？
- ☐ グループ化したオブジェクトにアニメーションを設定することができますか？
- ☐ SmartArtグラフィックに個別のアニメーションを設定することができますか？
- ☐ 終了のアニメーションを設定することができますか？
- ☐ 1つのオブジェクトに複数のアニメーションを設定することができますか？

ICカードの導入を提案するためのプレゼンテーションにアニメーションを設定しましょう。

完成例

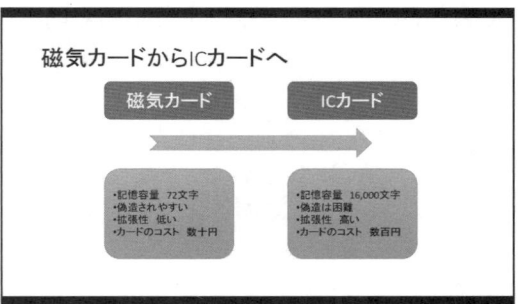

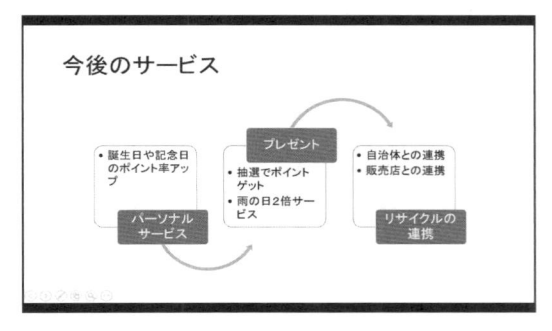

1. ファイル「復習3-1　ICカードのご提案」を開きましょう。

2. 2枚目のスライドの角丸四角形「磁気カード」と、角丸四角形「・記憶容量　72文字」をグループ化しましょう。同様にして、右側にある2つの角丸四角形をグループ化しましょう。

3. 2枚目のスライドのアニメーションの順序を、グループ化した左側の角丸四角形、V型矢印、グループ化した右側の角丸四角形として、次の表を参考にそれぞれのオブジェクトにアニメーション効果を設定しましょう。

開始の効果（ベーシック）	開始	方向	継続時間
ボックス	クリック時	アウト	00.50

4. 次の表を参考に、1枚目のスライドのタイトル領域の文字列に連続したアニメーション効果を設定しましょう。

開始の効果（はなやか）	開始	継続時間
ピンウィール	直前の動作の後	02.00

強調の効果（ベーシック）	開始	フォントの色	継続時間
フォントの色	直前の動作の後	標準の色の一番右の色	02.00

5. 次の表を参考に、6枚目のスライドのSmartArtグラフィックにアニメーション効果を設定しましょう。

開始の効果（ベーシック）	開始	方向	継続時間	グループグラフィック
スライドイン	クリック時	左から	00.50	個別

6. スライドショーを実行して動作を確認しましょう。

7. 「復習3-1　ICカードのご提案（完成）」という名前を付けてファイルを［保存用］フォルダーに保存しましょう。

第4章

プレゼンテーションの
有効活用

- 校閲機能の利用
- セクションの利用
- スライドの非表示
- 目的別スライドショーの作成
- 発表者ビューの利用

校閲機能の利用

複数人で分担してプレゼンテーションを作成するような場合には、相互の意見交換や、修正箇所などを共有することが重要です。
ここでは、スライドにコメントを挿入する方法や、2つのプレゼンテーションを比較して変更箇所を表示させたり、変更を反映させたりする方法を学習します。

コメントの挿入

コメントは、スライドにメモを貼り付けるような機能です。スライドにコメントを挿入することによって、プレゼンテーションを見た人から意見をもらったり、備忘録として使ったりすることができます。
ここでは、スライドにコメントを挿入したり、すでに挿入されているコメントを編集したりする方法を学習します。

操作 コメントを挿入する

4枚目のスライドにコメントを挿入しましょう

Step 1 [PowerPoint2016応用] フォルダーのファイル「ペットショップ経営強化戦略 (詳細)」を開きます。

Step 2 サムネイルをクリックして4枚目のスライドに切り替えます。

Step 3 スライドにコメントを追加します。

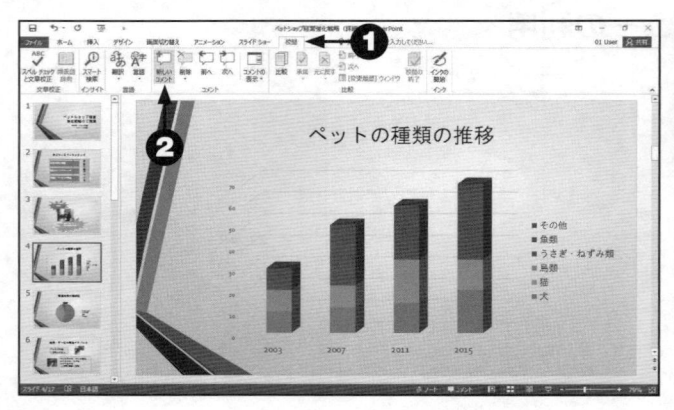

❶ [校閲] タブをクリックします。

❷ [新しいコメント] ボタンをクリックします。

Step 4 コメントを入力します。

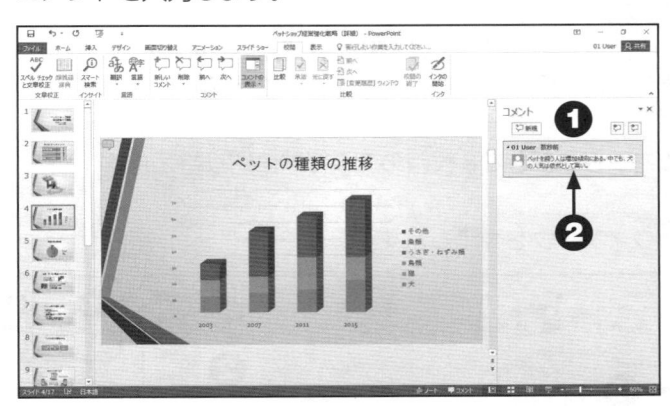

① [コメント] ウィンドウが表示されたことを確認します。

② テキストボックスに「ペットを飼う人は増加傾向にある。中でも、犬の人気は依然として高い。」と入力します。

ヒント

コメントの追加

すでにコメントが挿入されているスライドにコメントを追加する場合は、[コメント] ウィンドウの [新規] ボタンをクリックします。新しいテキストボックスが表示されるのでコメントを入力します。コメントボックスの上にはコメントを書き込んだユーザーの名前が表示されます。

Step 5 [コメント] ウィンドウを閉じます。

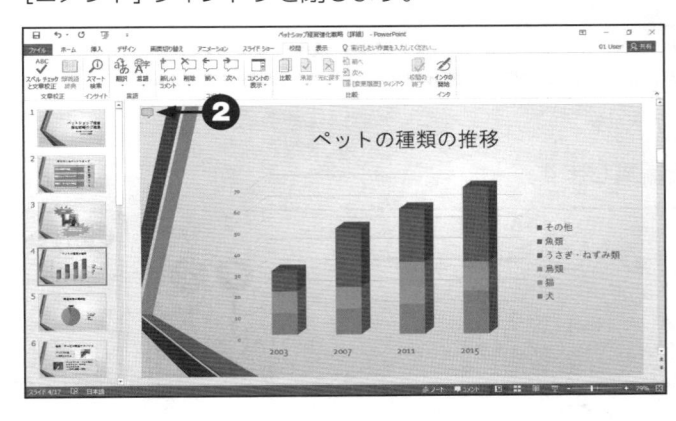

① [コメント] ウィンドウの [閉じる] をクリックします。

② コメントアイコンが表示されたことを確認します。

8枚目のスライドに挿入されているコメントを編集しましょう。

Step 1 サムネイルをクリックして8枚目のスライドに切り替えます。

Step 2 [コメント] ウィンドウを表示します。

ヒント

**[コメント]ウィンドウの
表示/非表示**
[校閲] タブの [コメント
の表示] ボタンをクリッ
クすると [コメント] ウィ
ンドウが表示されます。
もう一度クリックすると
[コメント] ウィンドウが
閉じます。

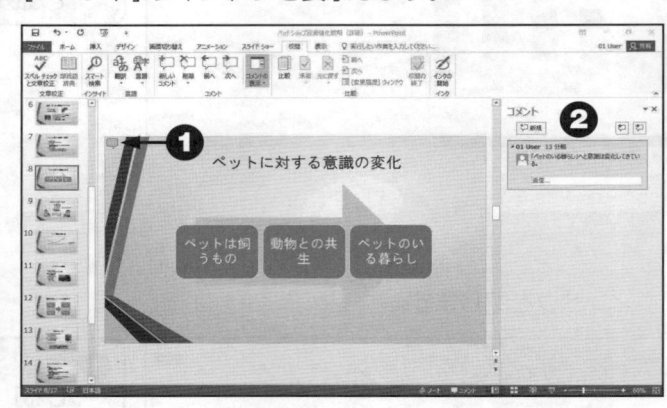

❶ コメントアイコンをクリック
します。

❷ [コメント] ウィンドウが表示
されたことを確認します。

Step 3 コメントを編集します。

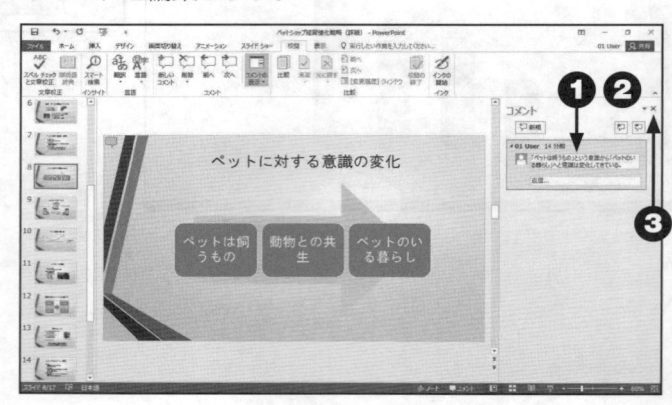

❶ 「「ペットのいる暮らし」 へと
…」 というコメント文をクリッ
クし、コメント文が選択され
た状態で、文頭をクリックし
ます。

❷ コメントの文頭に 「「ペットは
飼うもの」 という意識から」
という文字を追加します。

❸ [コメント] ウィンドウの [閉
じる] をクリックします。

⚠ 重要

コメントの削除方法
スライドにコメントが1つしかない場合は、コメントアイコンを選択してDeleteキーで直接
削除するか、[コメント] ウィンドウのコメントをポイントすると表示される ⊠ をクリックし
ます。複数のコメントを一度に削除する場合は、[コメントの削除] ボタンの▼をクリックし
て、[このスライドからすべてのコメントとインクを削除] または [このプレゼンテーション
からすべてのコメントとインクを削除] のいずれかをクリックします。また、コメントアイコ
ンを右クリックして、[コメントの削除] を選択することもできます。

プレゼンテーションの比較

あるプレゼンテーションに対して変更を加えた別のプレゼンテーションがある場合、両者を比較して変更点があるかどうかを調べ、変更内容を反映させることができます。複数のメンバーでプレゼンテーションを編集している場合や、他の人に修正を依頼した場合に、どこが変更されたかを一目で確認することができます。

操作 👉 プレゼンテーションを比較する

現在開いているプレゼンテーションとファイル「ペットショップ経営強化戦略（詳細）変更あり」とを比較して、変更が加えられた点を開いているプレゼンテーションに反映させましょう。

Step 1 [現在のプレゼンテーションと比較するファイルの選択] ダイアログボックスを開きます。

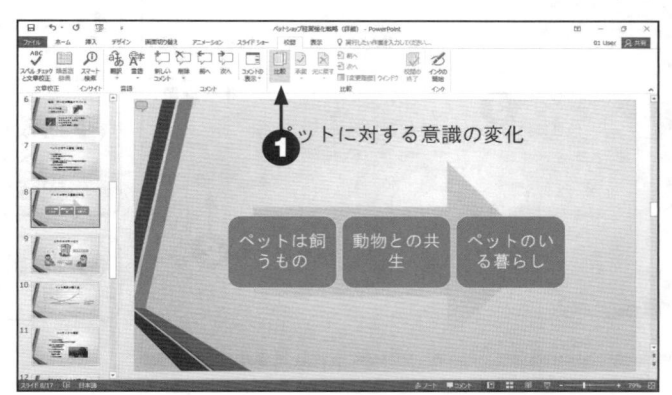

❶ [校閲] タブが選択されていることを確認して、[比較] ボタンをクリックします。

Step 2 比較するファイルを指定します。

❶ [PowerPoint2016応用] フォルダーのファイル「ペットショップ経営強化戦略（詳細）変更あり」をクリックします。

❷ [比較] をクリックします。

Step 3 比較結果が表示されました。

ヒント

[変更履歴] ウィンドウを閉じるには

[[変更履歴] ウィンドウ] ボタンをクリックすると [変更履歴] ウィンドウを閉じることができます。再度開きたい場合には、もう一度[[変更履歴] ウィンドウ] ボタンをクリックします。いません。

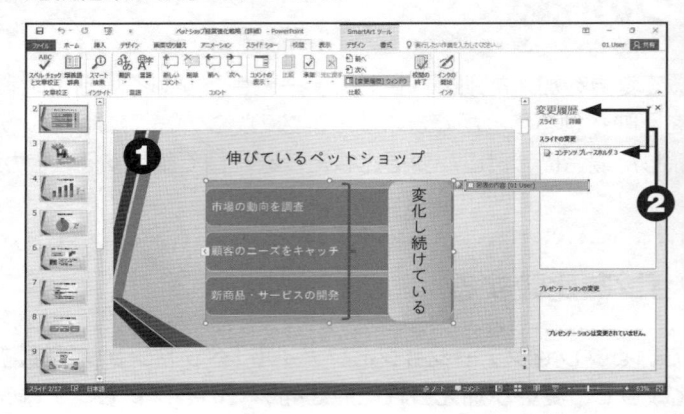

❶ 変更のあった2枚目のスライドが表示されます。

❷ [変更履歴] ウィンドウの [詳細] が選択された状態で開き、そのスライド内で変更されたオブジェクトが表示されます。

Step 4 変更内容を開いているプレゼンテーションに反映させます。

ヒント

複数の変更内容の反映

複数の変更内容を一度に反映させるには、[承諾] ボタンの▼をクリックして、[このスライドのすべての変更を反映]、[プレゼンテーションのすべての変更を反映] のいずれかをクリックします。

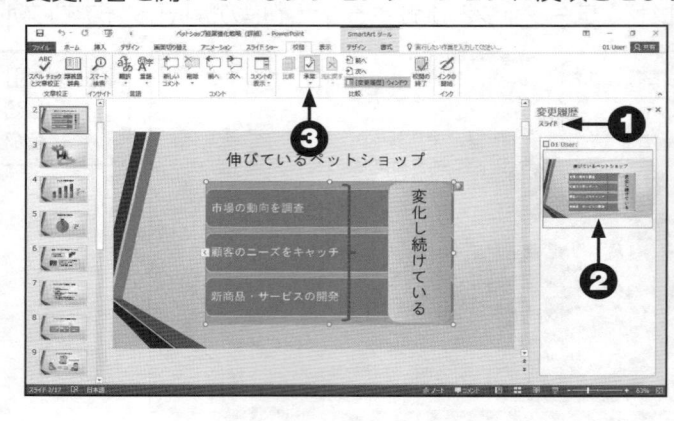

❶ [変更履歴] ウィンドウの [スライド] をクリックします。

❷ 比較するファイルのスライドイメージが表示されるので、内容を確認します。

❸ [承諾] ボタンをクリックします。

Step 5 変更内容が現在のスライドに反映されました。

ヒント

[元に戻す] ボタン

承諾した変更を取り消して、元のスライドの状態に戻したいときは、[元に戻す] ボタンをクリックします。

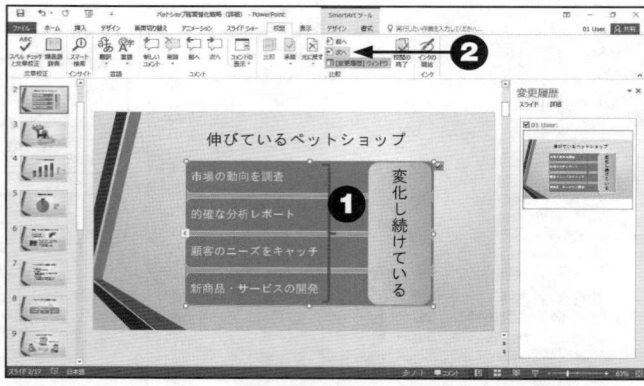

❶ 変更内容が反映されたことを確認します。

❷ [比較] グループの [次へ] ボタンをクリックして、次の変更箇所に移動します。

Step 6 3枚目のスライドの変更内容を開いているプレゼンテーションに反映させます。

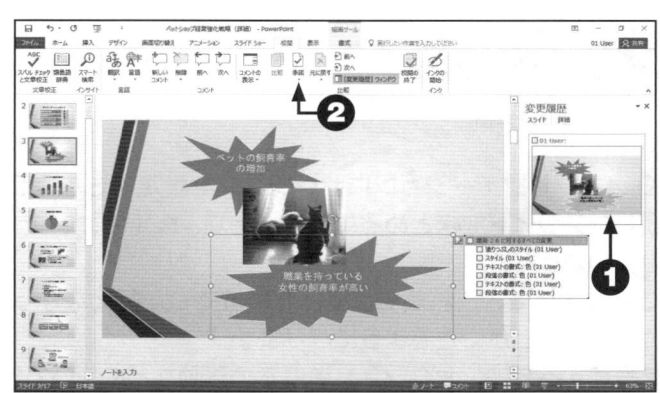

① 変更された次のスライドが表示されます。

② [承諾] ボタンをクリックして、変更内容を反映します。

Step 7 同様の操作で、6枚目のスライドの変更を承諾します。

Step 8 最後のスライドまで進むとメッセージが表示されます。

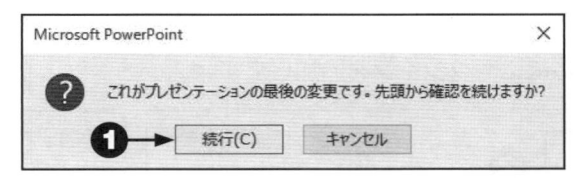

① [続行] をクリックします。

Step 9 校閲を終了して、変更の反映を確定します。

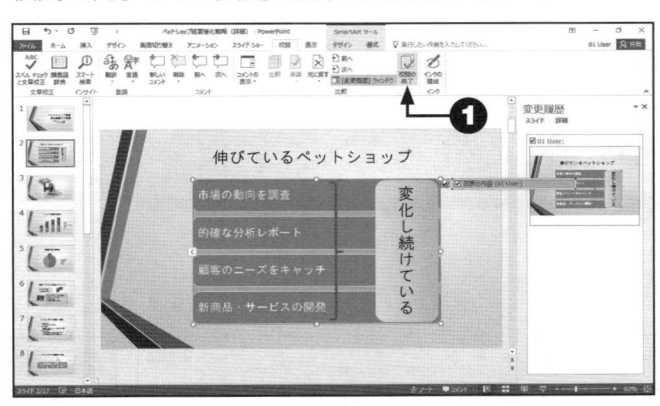

① [校閲の終了] ボタンをクリックします。

② 表示されたメッセージボックスで [はい] をクリックします。

セクションの利用

PowerPoint 2010から、プレゼンテーションにセクションを設定できるようになりました。セクションとは、複数の連続したスライドをまとめる単位のことで、既定ではプレゼンテーションは1つのセクションで構成されています。
セクションを追加することによって、これまでスライド単位でしか行えなかった書式の設定や移動などを、セクション単位で行うことができるようになります。
ここでは、セクションを設定する方法、セクション単位での移動などについて学習します。

操作 👉 セクションを追加する

ファイル「ペットショップ経営強化戦略 (詳細)」にセクションを追加しましょう。

Step 1 17枚目のスライド以降にセクションを追加します。

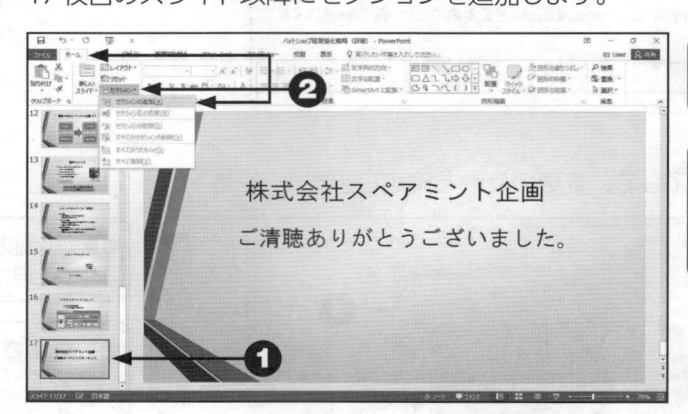

❶ 17枚目のスライドのサムネイルをクリックします。

❷ [ホーム] タブをクリックし、[セクション] ボタンをクリックし、[セクションの追加] をクリックします。

Step 2 [セクション名の変更] ダイアログボックスを開きます。

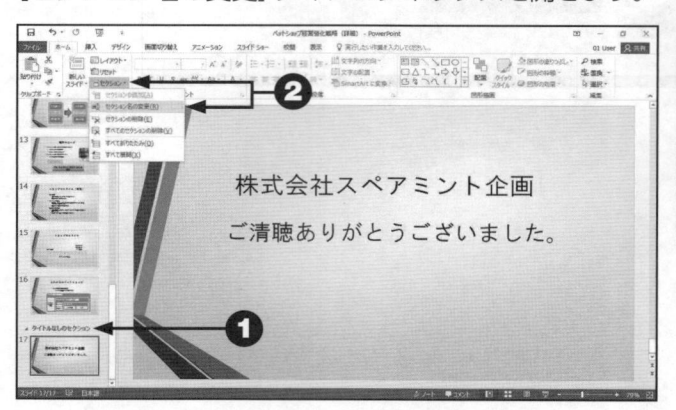

❶ 追加したセクションが選択されていることを確認します。

❷ [セクション] ボタンをクリックし、[セクション名の変更] をクリックします。

Step 3 セクション名を変更します。

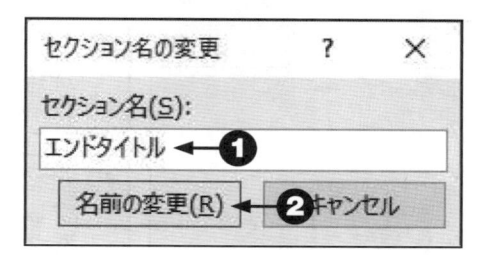

💡 **ヒント**

セクション名の変更
一度名前を付けたセクションでも、同様の操作をすることで、後からセクション名を変更することができます。

❶ ［セクション名］に「エンドタイトル」と入力します。

❷ ［名前の変更］をクリックします。

Step 4 セクション名が変更されたことを確認します。

Step 5 同様にして、2枚目のスライドをクリックしてセクションを追加して、セクション名を「現状分析」に変更します。

Step 6 スライド一覧表示に切り替えます。

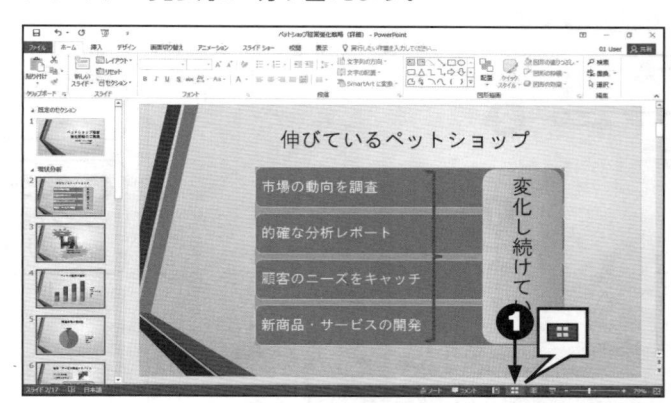

❶ ステータスバーの［スライド一覧］ボタンをクリックして、スライド一覧表示に切り替えます。

Step 7 画面表示を変更します。

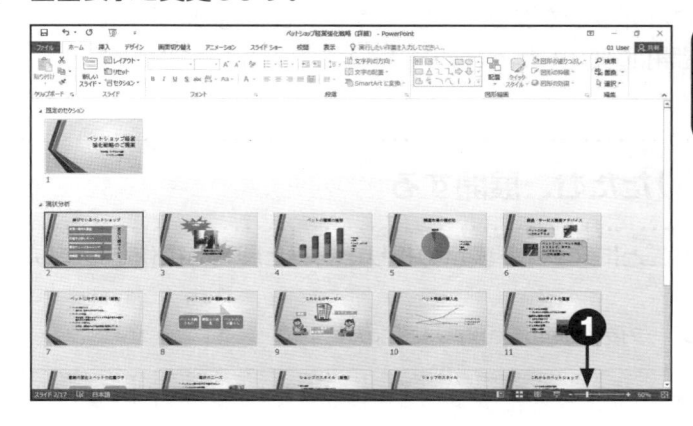

❶ ズームスライダーを左にドラッグして画面表示を「60%」にします。

Step 8 1枚目のスライドのセクション名を変更します。

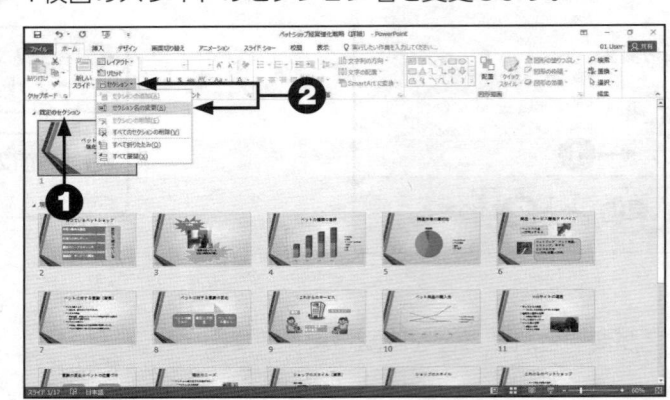

❶ 1枚目のスライドの上に表示されている [既定のセクション] をクリックします。

❷ [セクション] ボタンをクリックし、[セクション名の変更] をクリックします。

Step 9 [セクション名の変更] ダイアログボックスで、[セクション名] を「タイトル」に変更します。

Step 10 セクションを追加します。

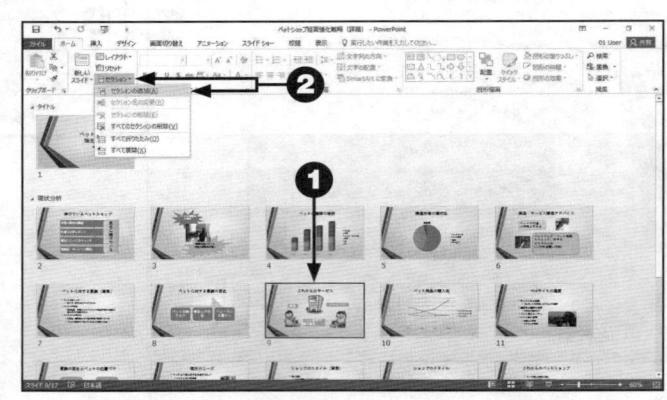

❶ 9枚目のスライドをクリックします。

❷ [セクション] ボタンをクリックし、[セクションの追加] をクリックします。

Step 11 [セクション] ボタンをクリックし、[セクション名の変更] をクリックして、セクション名を「今後の展開」に変更します。

操作☞ セクションを折りたたむ、展開する

セクションごとにスライド表示の折りたたみと展開の操作をしましょう。

Step 1 セクション「今後の展開」を折りたたみます。

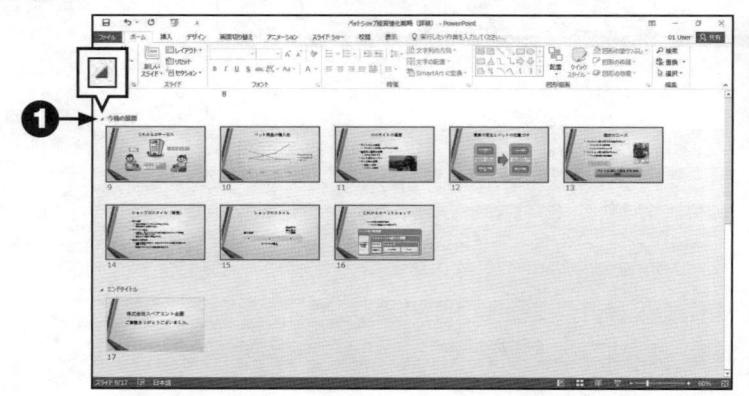

❶「今後の展開」のセクション名の左側にある ◢ をクリックします。

Step 2 セクション「今後の展開」が折りたたまれたことを確認します。

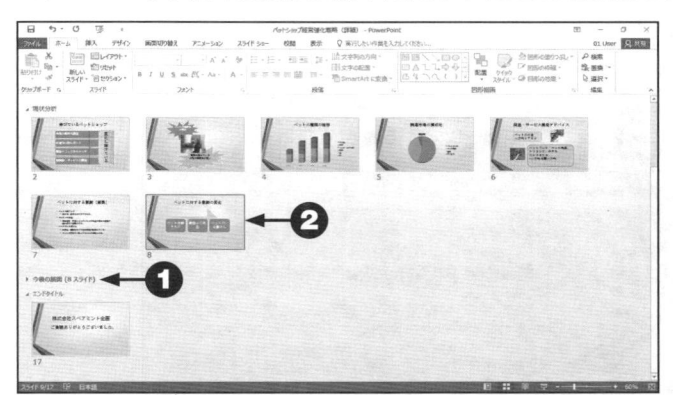

❶ 「今後の展開」のセクション名の左側にあるボタンが ▶ に変わり、文字が赤色で表示されます。

❷ 「今後の展開」セクション以外のスライドをクリックしてセクションの選択を解除します。

Step 3 標準 (サムネイル表示) に切り替えます。

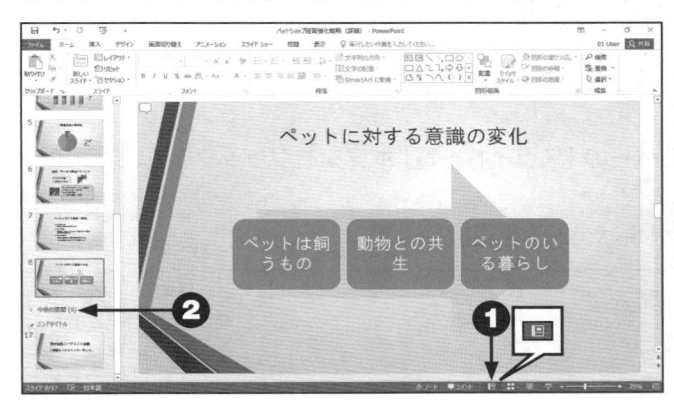

❶ ステータスバーの [標準] ボタンをクリックして、標準 (サムネイル表示) に切り替えます。

❷ 標準表示画面に切り替えても、セクション「今後の展開」が折りたたまれていることを確認します。

Step 4 セクション「今後の展開」を展開します。

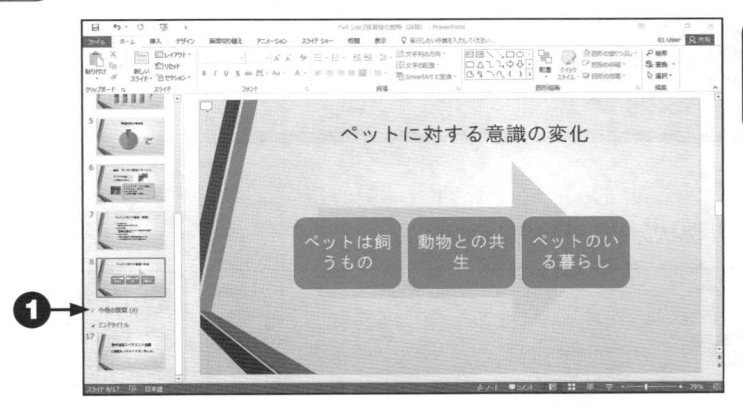

❶ 「今後の展開」のセクション名の左側にある ▷ をクリックします。

Step 5 セクション「今後の展開」が展開されました。

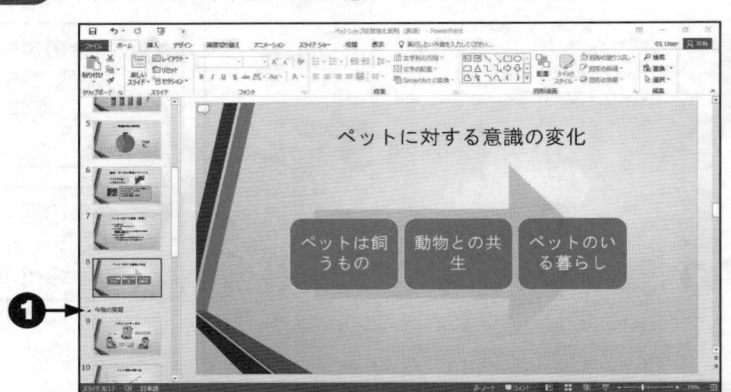

❶ 「今後の展開」のセクション名の左側にあるボタンが ◢ に変わります。

操作 セクション単位で移動する

セクション単位でスライドの位置を移動させましょう。

Step 1 ステータスバーの [スライド一覧] ボタンをクリックして、スライド一覧表示に切り替えます。

Step 2 セクション「現状分析」を選択します。

💡 **ヒント**
移動中のセクション
セクションをドラッグして移動している時には、すべてのセクションが折りたたまれて表示されます。

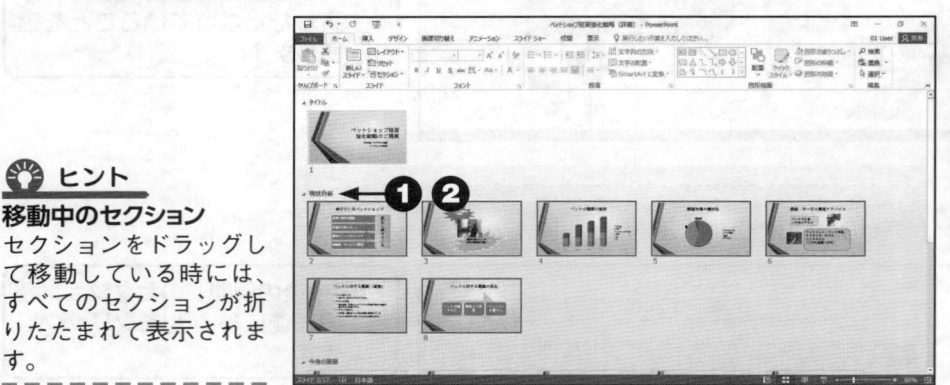

❶ 「現状分析」のセクション名をクリックします。

❷ セクション名に赤色が付き、セクション内のすべてのスライドが選択されたことを確認します。

Step 3 セクション「現状分析」を移動します。

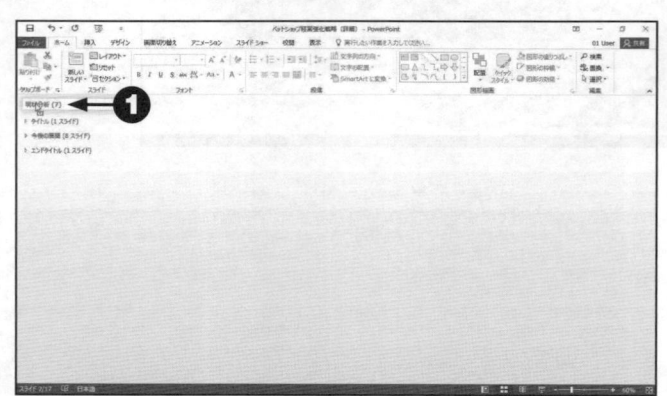

❶ 「現状分析」のセクション名を「タイトル」の上側にドラッグします。

Step 4 セクション「現状分析」のすべてのスライドが、セクション「タイトル」の上に移動したことを確認します。

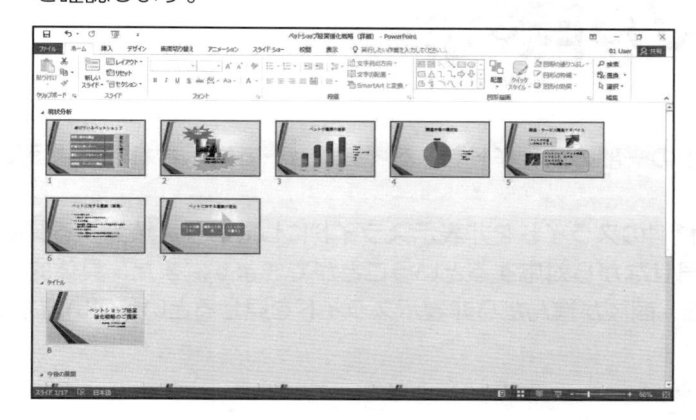

Step 5 セクション「現状分析」をドラッグして、セクション「タイトル」の下の位置に戻します。

⚠ 重要　**セクションの削除**
セクションを削除するには、削除したいセクションをクリックしてから、[セクション] をクリックし、[セクションの削除] をクリックします。
[セクション] ボタンをクリックして [すべてのセクションの削除] をクリックすると、ファイルに追加したすべてのセクションが削除されます。

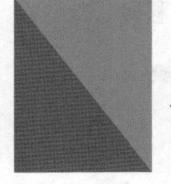

スライドの非表示

プレゼンテーション中の一部のスライドをスライドショーで表示されないように設定することができます。
例えば、質疑応答用資料のスライドを非表示スライドにしておき、該当する質問を受けた場合にだけ非表示スライドを見せながら対応するということができます。また、具体的な価格表を非表示スライドに設定しておき、商談が進んだら非表示スライドを見せるという使い方もできます。

操作 👉 スライドを非表示にする

7枚目と14枚目のスライドを非表示スライドに設定しましょう。

Step 1 非表示スライドにするスライドを選択します。

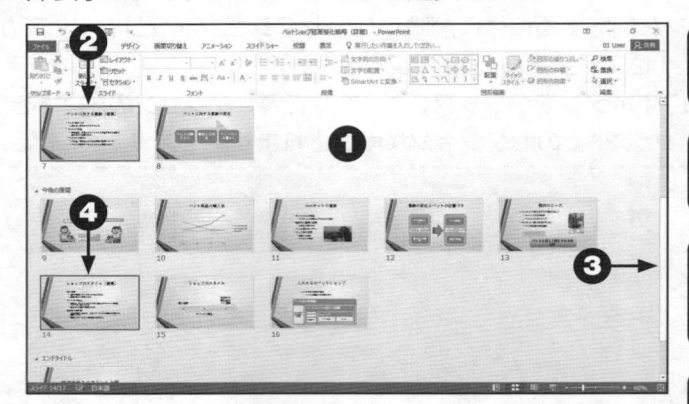

❶ スライド一覧表示になっていることを確認します。

❷ 7枚目のスライドをクリックします。

❸ 14枚目のスライドが表示されるまで下方向にスクロールします。

❹ **Ctrl**キーを押しながら、14枚目のスライドをクリックします。

Step 2 非表示スライドに設定します。

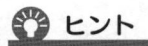

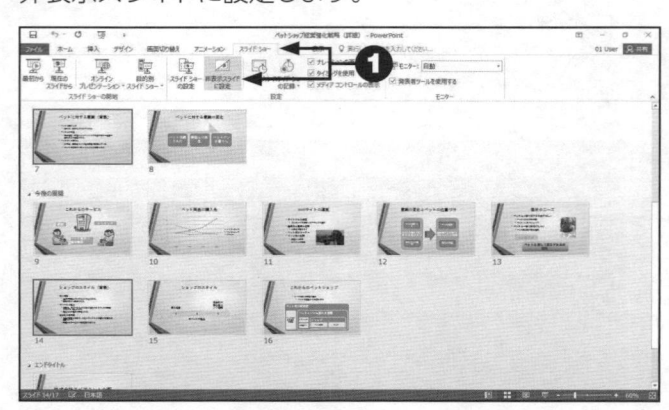

❶ [スライドショー] タブをクリックし、[非表示スライドに設定] ボタンをクリックします。

💡 ヒント
スライドを非表示にする方法
スライドを右クリックして[非表示スライドに設定]をクリックしても、スライドを非表示にできます。

Step 3 非表示スライドに設定されました。

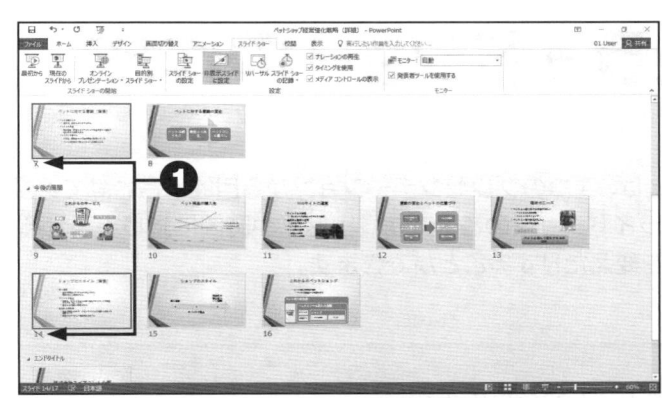

① 7枚目と14枚目のスライド番号に斜線が引かれていることを確認します。

💡 **ヒント**

非表示を解除するには
非表示の設定を解除したいスライドを選択して、[非表示スライドに設定]ボタンをクリックします。

Step 4 プレゼンテーションの先頭からスライドショーを実行し、7枚目と14枚目のスライドが表示されないことを確認します。

Step 5 [スライドショーの最後です。クリックすると終了します。]と表示されたら、画面をクリックしてスライドショーを終了します。

⚠ **重要**　　**非表示スライドをスライドショーで表示させるには**
スライドショー中に右クリックして[すべてのスライドを表示]をクリックすると、発表者モードの一覧表示に切り替わるので、表示したいスライドをクリックします。

目的別スライドショーの作成

目的別スライドショーとは、1つのプレゼンテーションから目的に合わせて必要なスライドを選んで選択し、再構成したスライドショーのことです。出席者や時間に応じて見せるスライドを絞ったり、見せるスライドの順番を変えたりすることができます。

■ 目的別スライドショーの定義

目的別スライドショーは [目的別スライドショーの定義] ダイアログボックスで、見せたいスライドを選択して、目的別スライドショーとして追加します。プレゼンテーションの目的や聞き手に合わせてプレゼンテーションの構成を変更する場合に、別のプレゼンテーションファイルとして保存することなく、1つのファイル内に目的別スライドショーを作成し使い分けることができます。

・[目的別スライドショーの定義] ダイアログボックス

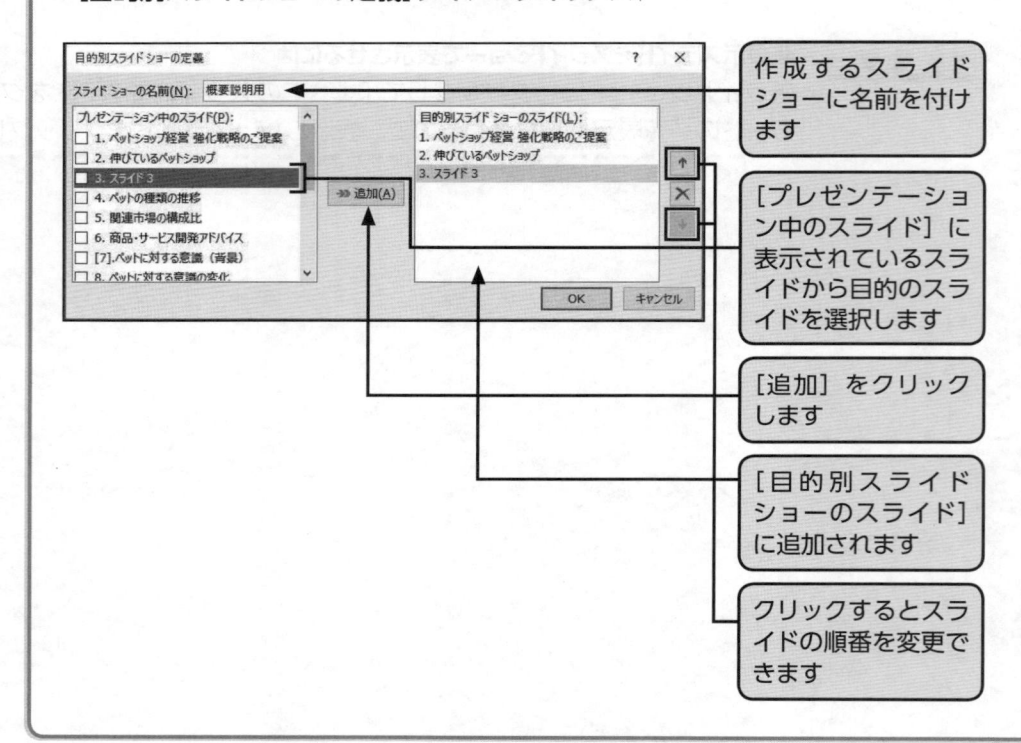

作成するスライドショーに名前を付けます

[プレゼンテーション中のスライド] に表示されているスライドから目的のスライドを選択します

[追加] をクリックします

[目的別スライドショーのスライド] に追加されます

クリックするとスライドの順番を変更できます

操作👉 目的別スライドショーを作成する

. . . .

ファイル「ペットショップ経営強化戦略（詳細）」で、概要の説明だけをまとめた目的別スライドショーを作成しましょう。

Step 1 スライド一覧表示になっていることを確認します。

Step 2 [目的別スライドショー] ダイアログボックスを開きます。

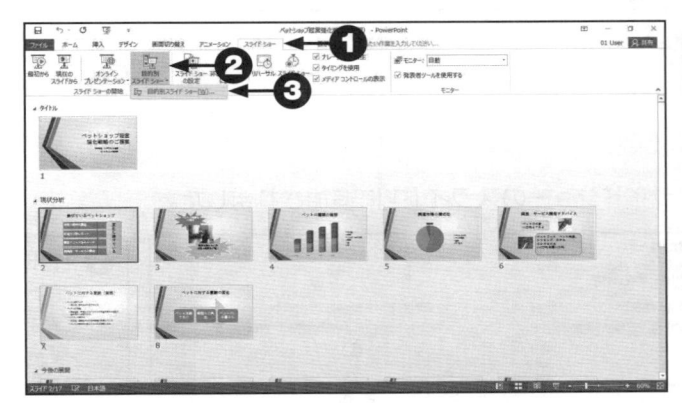

❶ [スライドショー] タブが選択されていることを確認します。

❷ [目的別スライドショー] ボタンをクリックします。

❸ [目的別スライドショー] をクリックします。

Step 3 [目的別スライドショーの定義] ダイアログボックスを開きます。

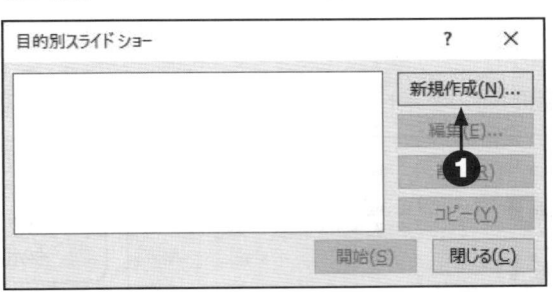

❶ [新規作成] をクリックします。

Step 4 目的別スライドショーの名前を付けます。

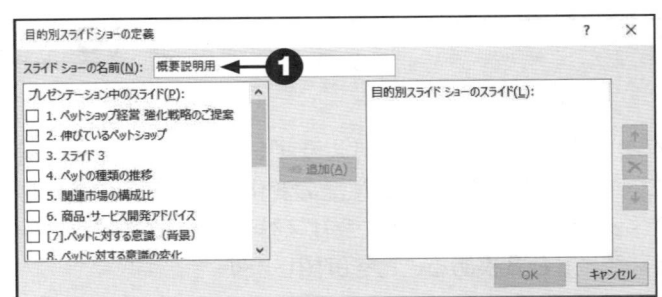

❶ [スライドショーの名前] ボックスに「概要説明用」と入力します。

Step 5　目的別スライドショーに表示するスライドを選択します。

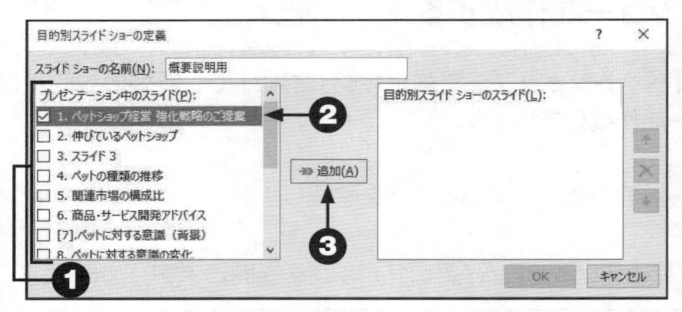

❶ プレゼンテーションに含まれるスライドが、チェックボックス付きで一覧表示されます。

💡 ヒント
非表示スライドの番号
非表示スライドは、番号に [] が付いて表示されます。

❷ [プレゼンテーション中のスライド] ボックスの [1.ペットショップ経営 強化戦略のご提案] チェックボックスをオンにします。

❸ [追加] をクリックします。

Step 6　[目的別スライドショーのスライド] に追加されました。

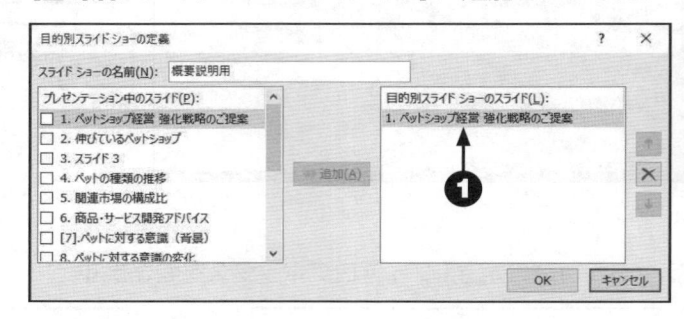

❶ [目的別スライドショーのスライド] ボックスに [1. ペットショップ経営 強化戦略のご提案] が追加されたことを確認します。

Step 7　2枚のスライドを [目的別スライドショーのスライド] ボックスに追加します。

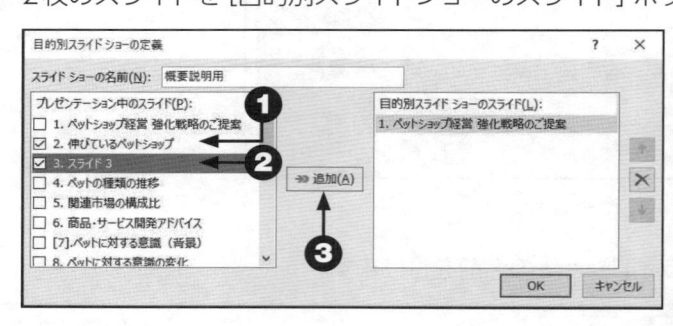

❶ [プレゼンテーション中のスライド] ボックスの [2.伸びているペットショップ] チェックボックスをオンにします。

❷ [3.スライド3] チェックボックスをオンにします。

❸ [追加] をクリックします。

Step 8　同様にして次のスライドを [目的別スライドショーのスライド] ボックスに追加します。
[8.ペットに対する意識の変化] [12.意識の変化とペットの位置づけ] [13.現状のニーズ] [16.これからのペットショップ] [17.株式会社スペアミント企画]。
追加されたスライドが8枚あることを確認します。

Step 9　[OK] をクリックして [目的別スライドショーの定義] ダイアログボックスを閉じます。

Step 10 概要説明用の目的別スライドショーを実行します。

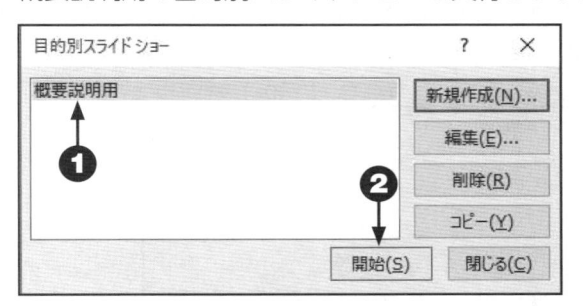

❶ 「概要説明用」という目的別スライドショーが作成され、選択されていることを確認します。

❷ [開始] をクリックします。

Step 11 目的別スライドショーとして設定したスライドが表示されることを確認します。

💡 **ヒント** **目的別スライドショーをコピーするには**
[目的別スライドショー] ダイアログボックスで、コピー元となる目的別スライドショーをクリックして [コピー] をクリックします。元の目的別スライドショーの名前の先頭に [コピー～] という文字が追加された目的別スライドショーが作成されます。

💡 **ヒント** **目的別スライドショーを削除するには**
[目的別スライドショー] ダイアログボックスで、削除したい目的別スライドショーをクリックして [削除] をクリックします。

💡 **ヒント** **目的別スライドショーを編集するには**
[目的別スライドショー] ダイアログボックスで、編集したい目的別スライドショーをクリックして [編集] をクリックします。[目的別スライドショーの定義] ダイアログボックスが開き、スライドショーの名前の変更や、スライドの追加や削除などの編集ができるようになります。

❗ **重要** **スライドの順序を入れ替えるには**
[目的別スライドショーの定義] ダイアログボックスで、順序を入れ替えたいスライドを選択して ↑ ボタンまたは ↓ ボタンをクリックします。

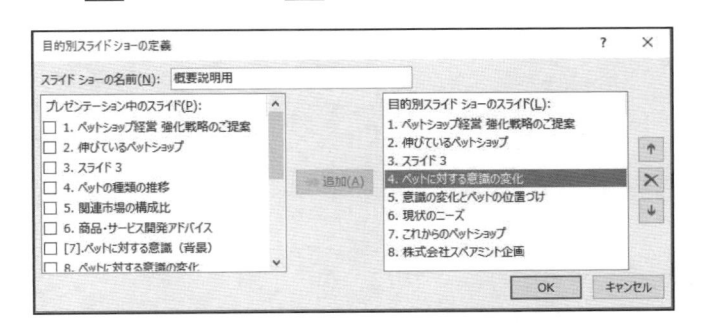

[スライドショー] タブから目的別スライドショーを実行するには

[スライドショー] タブの [目的別スライドショー] ボタンをクリックして、一覧から目的のスライドショーを選択します。

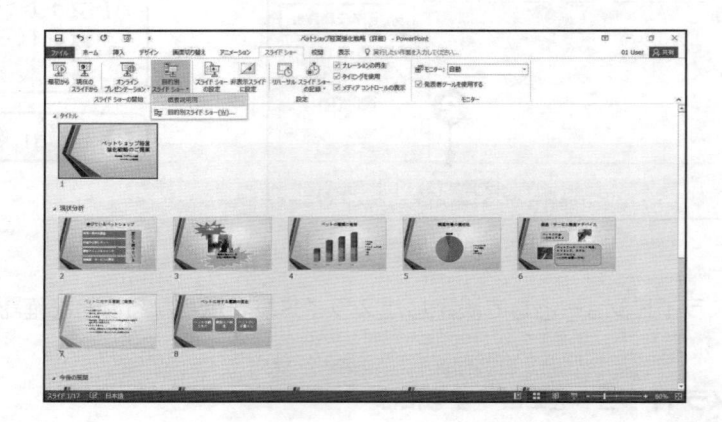

発表者ビューの利用

1台のコンピューターに2台のモニターを接続して、発表者用と閲覧者用というように別々の内容を表示させる「発表者ツール」という機能が、PowerPoint 2010から追加されました。発表者ビューとは、発表者用のモニターに表示される、スライドショーを操作するための画面のことです。PowerPoint 2013からは1台のモニターでも発表者ビューを表示できるようになりました。発表者ビューには、プレゼンテーションのノートや、次に表示するスライドのサムネイル、ペンなど、プレゼンテーションに役立つ機能が用意されているので、ノートを台本代わりに使用したり、順序に関係なく任意のスライドを即時に表示できたりして便利です。

操作👉 発表者ビューを表示する

発表者ビューを表示しましょう。

Step 1 スライドショーを開始します。

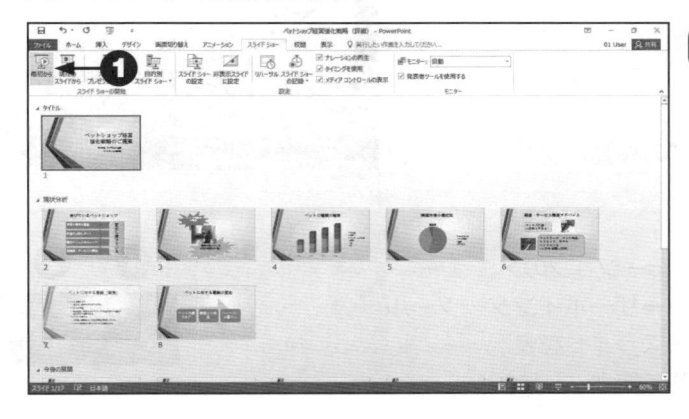

❶ [最初から] をクリックします。

Step 2 発表者ビューを表示します。

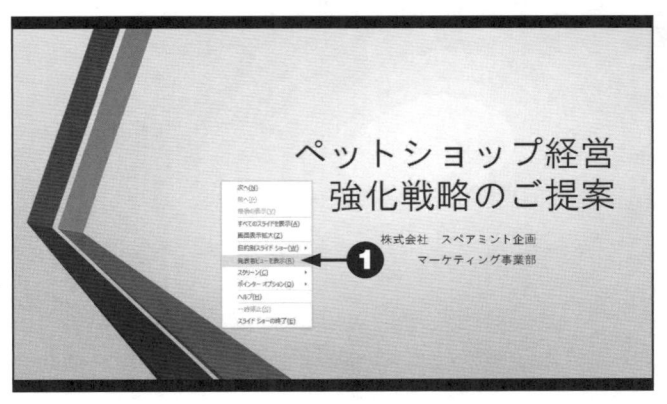

❶ スライド上で右クリックし、[発表者ビューを表示] をクリックします。

Step 3 発表者ビューが表示されました。

💡 ヒント

発表者ビューの画面構成
・発表者ビュー
①経過時間
②現在時刻
③現在表示しているスライド
④現在表示しているスライド
　のノート
⑤次に表示するスライド
⑥プレゼンテーションのメ
　ニュー
⑦スライドの移動ボタン

・プレゼンテーションのメニュー
①ペンとレーザーポインターツール
②すべてのスライドを表示
②スライドを拡大
③スライドショーをカットアウト/カットイン
⑤その他のスライドショーオプション

ペンを利用して、スライドショーの画面に線を引きましょう。

Step 1 マウスポインターをペンにします。

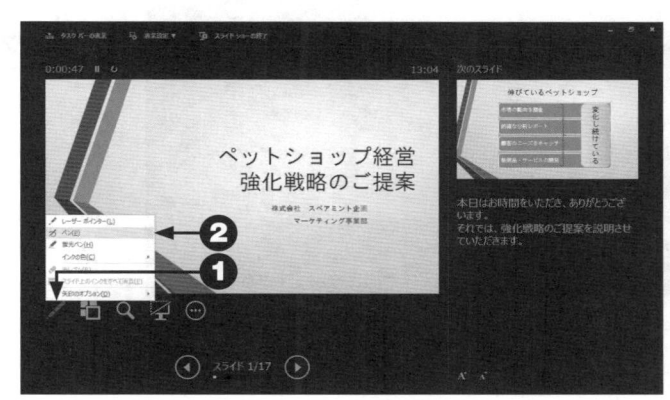

❶［ペンとレーザーポインター
ツール］をクリックします。

❷［ペン］をクリックします。

💡 ヒント　**レーザーポインターを利用する**

［ペン］ではなく、［レーザーポインター］をクリックすると、マウスポインターをレーザーポインターとして利用できます。レーザーポインターは、画面上に線を引くことはできませんが、強調したい箇所などを指し示す場合に使います。**Esc**キーを押して解除できます。また、通常のマウスポインターの状態で**Ctrl**キーを押しながらドラッグしても、レーザーポインターとして利用できます。

Step 2 マウスポインターが赤丸の形に変わったことを確認します。

Step 3 線を引きます。

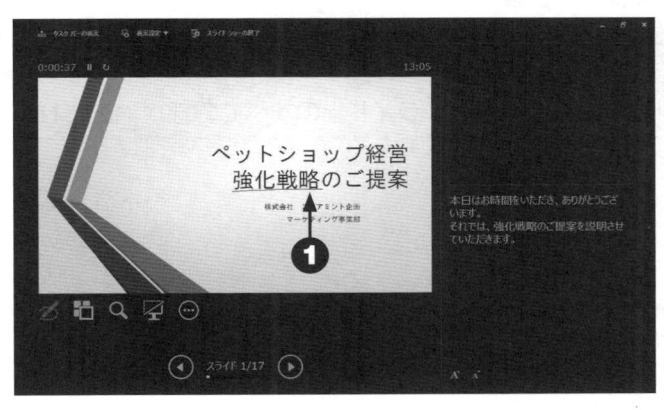

❶「強化戦略」の文字の下をドラッグして、線を引きます。

Step 4 Escキーを押して、ペンを解除します。

Step 5 書き込んだ線を消去します

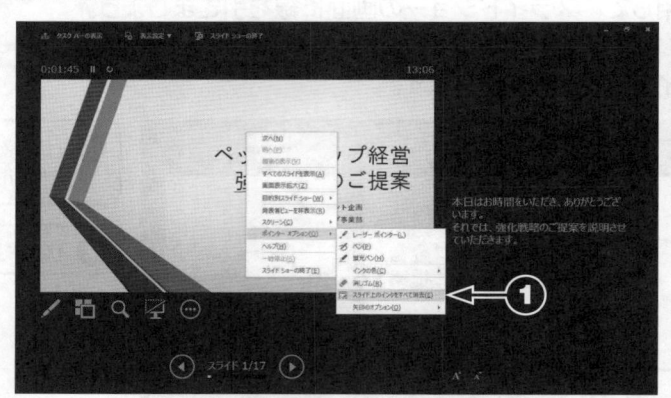

❶ 右クリックして、[ポインター オプション]の[スライド上の インクをすべて消去]をク リックします。

Step 6 ペンで引いた線が消去されました。

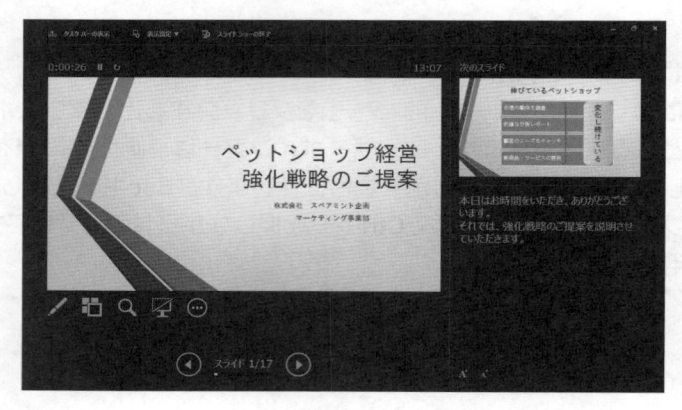

💡 ヒント　**インク注釈の保持と破棄**

ペンで書き込んだ線を消去せずにスライドショーを終了すると、[インク注釈を保持します か?]というメッセージが表示されます。[保持]をクリックすると線はスライドに残されま す。[破棄]をクリックするとスライド上のすべての線が消去されます。

操作 👉 スライドを一覧表示して任意のスライドを表示する

1枚目のスライドが表示されている状態からすべてのスライドを表示して、4枚目のスライドを表示しましょう。

Step 1 すべてのスライドを表示します。

❶ [すべてのスライドを表示します] をクリックします。

Step 2 4枚目のスライドを表示します。

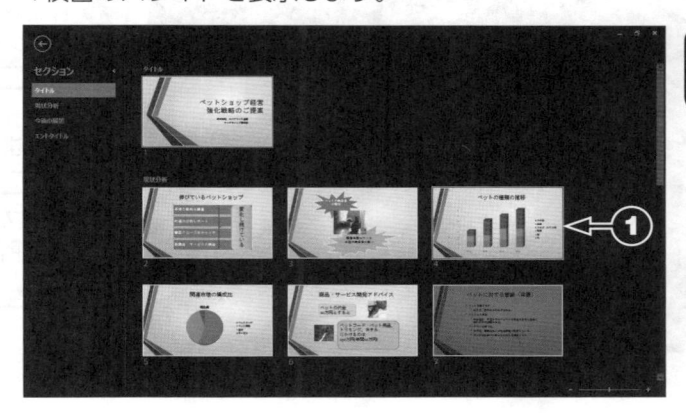

❶ スライド一覧から4枚目のスライドをクリックします。

Step 3 4枚目のスライドが表示されました。

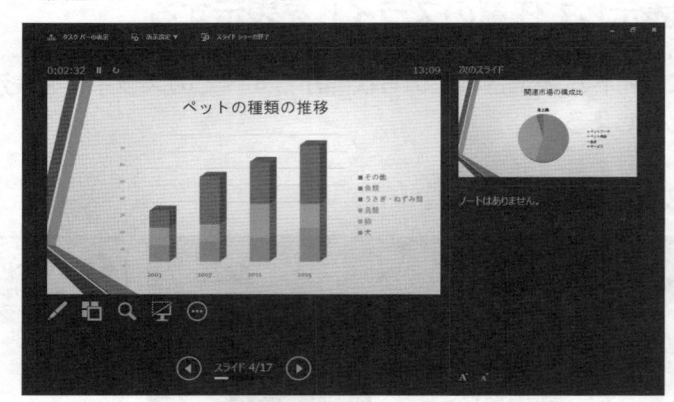

操作👉 画面を拡大表示する

画面の一部を拡大して表示しましょう。

Step 1 拡大表示する場所を選択します。

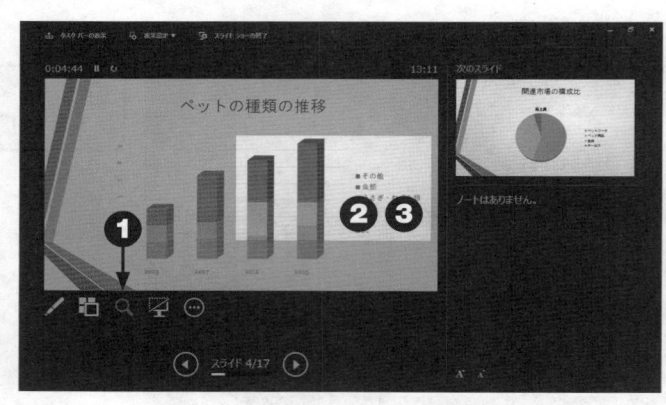

❶ [スライドを拡大します] をクリックします。

❷ スライドの一部が明るく表示されます。

❸ マウスを動かして拡大表示する場所に合わせ、クリックします。

Step 2 選択した場所が拡大表示されました。

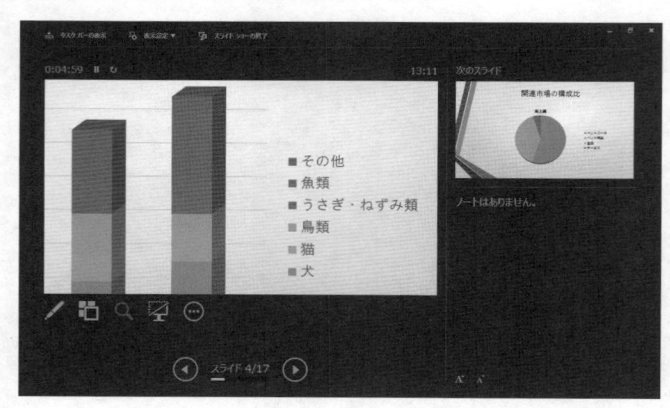

拡大表示したままで移動

拡大表示の状態でドラッグすると、拡大表示したままで、現在表示しているスライドの他の部分に移動することができます。

- -

キーボードから拡大/縮小表示する

＋キーを押すとスライドを3段階で拡大できます。－キーを押すと縮小できます。スライドの全体が表示された状態でさらに－キーを押すと一覧表示になります。

- -

Step 3 Escキーを押すか右クリックして、拡大表示を解除します。

Step 4 Escキーを押して、スライドショーを終了します。

Step 5 [ファイル] タブをクリックし、[名前を付けて保存] をクリックして、ファイル「ペットショップ経営強化戦略 (詳細)」を [保存用] フォルダーに保存します。

Step 6 [閉じる] をクリックしてファイルを閉じます。

📶 この章の確認

- ☐ コメントを挿入することができますか？
- ☐ コメントを編集することができますか？
- ☐ プレゼンテーションを比較して変更箇所を確認することができますか？
- ☐ 変更箇所の内容を承諾して反映させることができますか？
- ☐ プレゼンテーションにセクションを追加することができますか？
- ☐ セクション単位でスライドを移動させることができますか？
- ☐ 非表示スライドを設定することができますか？
- ☐ 非表示スライドを解除することができますか？
- ☐ 目的別スライドショーを作成することができますか？
- ☐ 目的別スライドショーを実行することができますか？
- ☐ 発表者ビューを利用することができますか？

ICカードの導入を提案するためのプレゼンテーションを比較して、変更を反映しましょう。
また、スライドにコメントを追加しましょう。

完成例
変更の反映

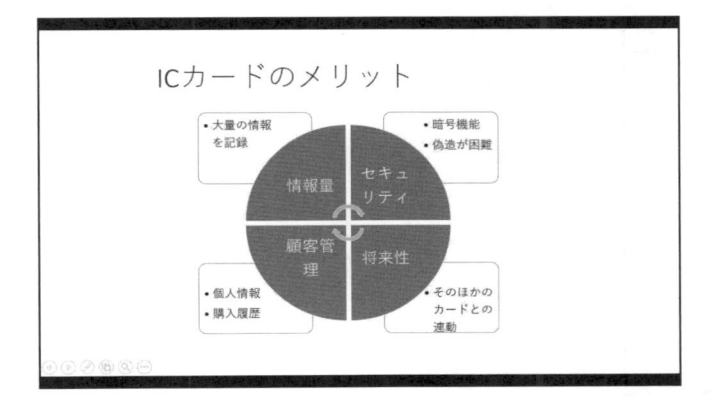

コメントの挿入

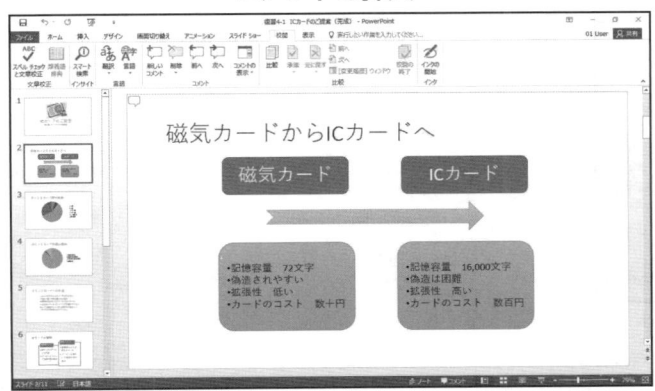

1. ファイル「復習4-1　ICカードのご提案」を開きましょう。

2. 校閲機能を利用して、ファイル「復習4-1　ICカードのご提案（変更案）」と比較しましょう。

3. ［変更履歴］ウィンドウに表示された変更箇所をすべて反映しましょう。

4. 2枚目のスライドにコメント「磁気カードからICカードの転換期にある」を追加しましょう。

5. 「復習4-1　ICカードのご提案（完成）」という名前を付けてファイルを［保存用］フォルダーに保存しましょう。

 問題 4-2

ICカードの導入を提案するためのプレゼンテーションに、セクションを追加しましょう。
また、目的別スライドショーの作成や、非表示にするスライドの設定も行いましょう。

完成例
セクションの追加

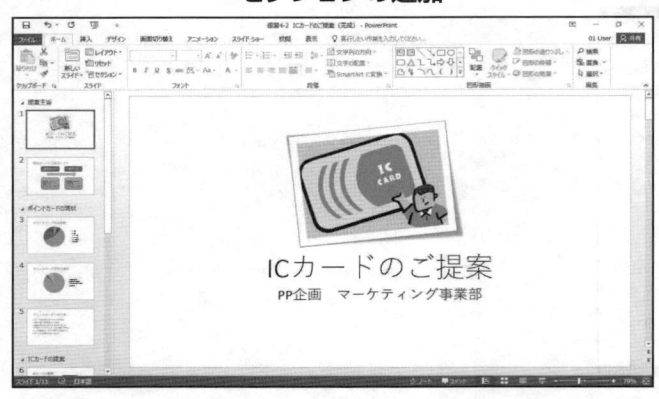

目的別スライドショー

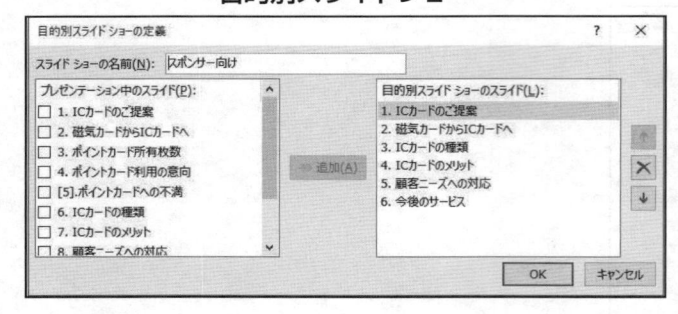

非表示スライド

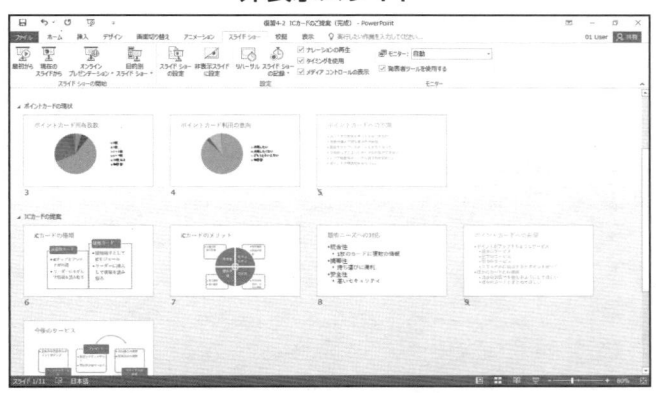

1. ファイル「復習4-2　ICカードのご提案」を開きましょう。

2. 次の表を参考に、プレゼンテーションにセクションを追加しましょう。

スライド番号	セクション名
1～2	提案主旨
3～5	ポイントカードの現状
6～10	ICカードの提案
11	今後の課題

3. 5枚目と9枚目のスライドを非表示スライドに設定しましょう。

4. スライドショーを実行して、5枚目と9枚目のスライドが表示されないことを確認しましょう。

5. 「スポンサー向け」という名前を付けて、目的別スライドショーを作成しましょう。

6. 次のスライドを目的別スライドショーとして追加しましょう。
   ・1.　ICカードのご提案
   ・2.　磁気カードからICカードへ
   ・6.　ICカードの種類
   ・7.　ICカードのメリット
   ・8.　顧客ニーズへの対応
   ・10.　今後のサービス

7. 「スポンサー向け」の目的別スライドショーを実行して、動作を確認しましょう。

8. 「復習4-2　ICカードのご提案（完成）」という名前を付けてファイルを［保存用］フォルダーに保存しましょう。

第5章

配布資料の作成

- 配付資料マスターの利用
- プレゼンテーションの準備
- Wordによる配付資料の作成

配布資料マスターの利用

スライドを配布資料として印刷するときの書式を設定するには、配布資料マスターを利用します。
配布資料マスターでは、配布資料のヘッダーとフッター、日付、ページ番号のテキストの位置やサイズを変更することができます。

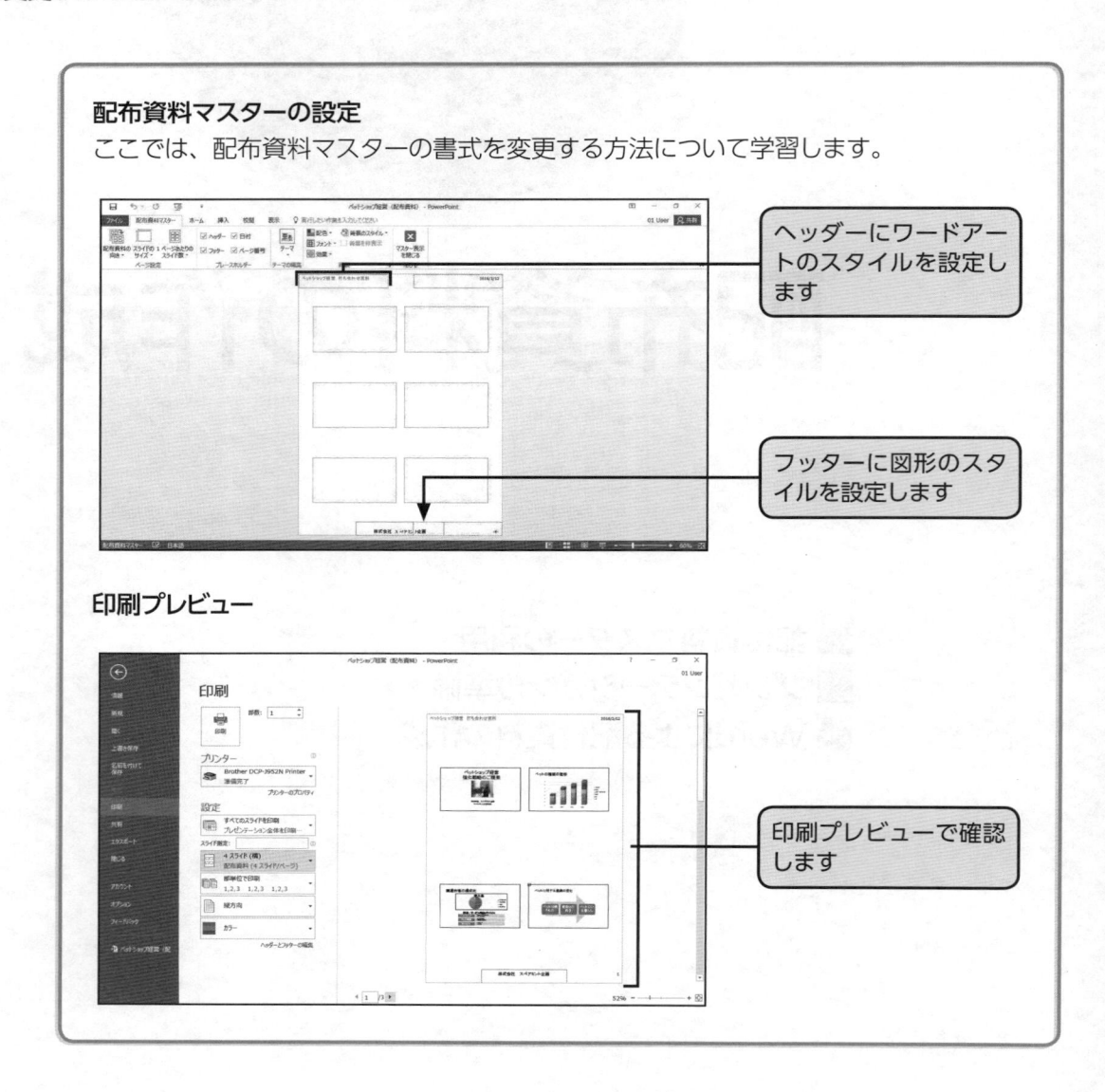

操作 👉 配布資料マスターを表示する

. . . .

ファイル「ペットショップ経営（配布資料）」を開き、配布資料マスターを表示しましょう。

Step 1 [PowerPoint2016応用] フォルダーのファイル「ペットショップ経営（配布資料）」を開きます。

Step 2 配布資料マスターを表示します。

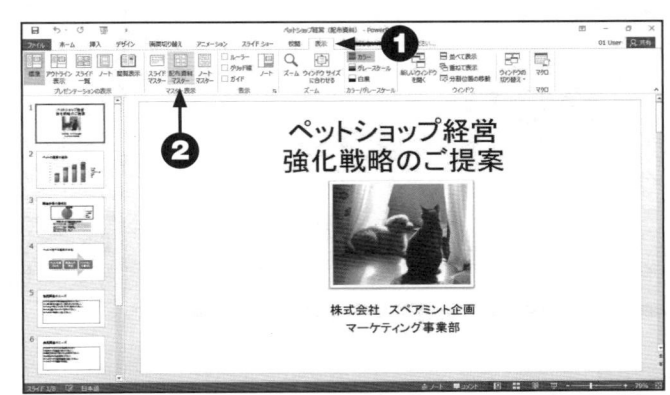

❶ [表示] タブをクリックします。

❷ [配布資料マスター] ボタンを
クリックします。

Step 3 配布資料マスターが表示されました。

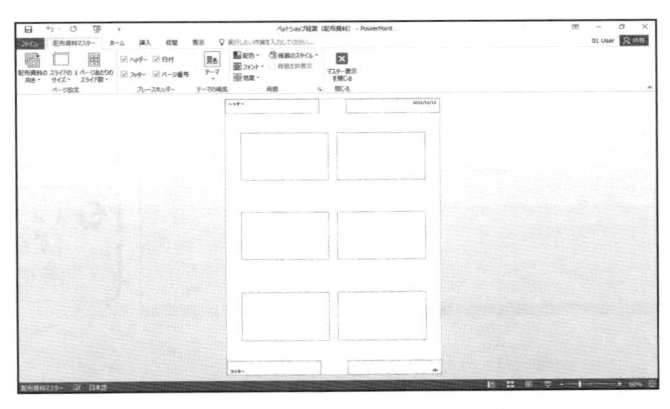

操作 ☞ ヘッダーを作成する

「ペットショップ経営　打ち合わせ資料」と表示するヘッダーを作成し、ワードアートのスタイルを設定しましょう。

Step 1 ヘッダーに文字を入力します。

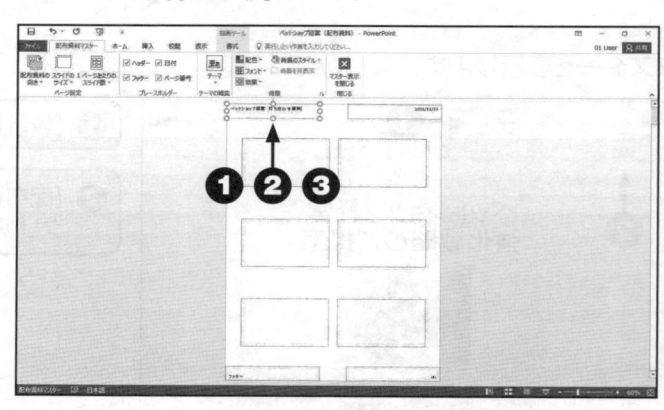

❶ [ヘッダー] と表示されている四角形の内側をクリックします。

❷ [ヘッダー] の文字が消え、代わりにカーソルが表示されていることを確認します。

❸ 「ペットショップ経営　打ち合わせ資料」と入力します。

Step 2 ワードアートのスタイル一覧を表示します。

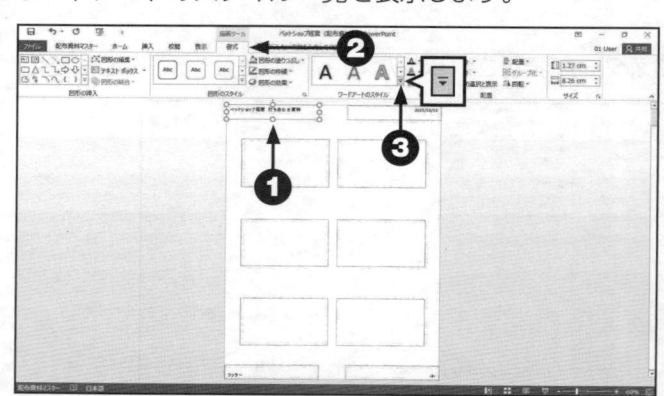

❶ 「ペットショップ経営　打ち合わせ資料」の枠をクリックして選択します。

❷ [描画ツール] の[書式] タブをクリックします。

❸ [ワードアートのスタイル] の[その他] ボタンをクリックします。

Step 3 ヘッダーにワードアートのスタイルを設定します。

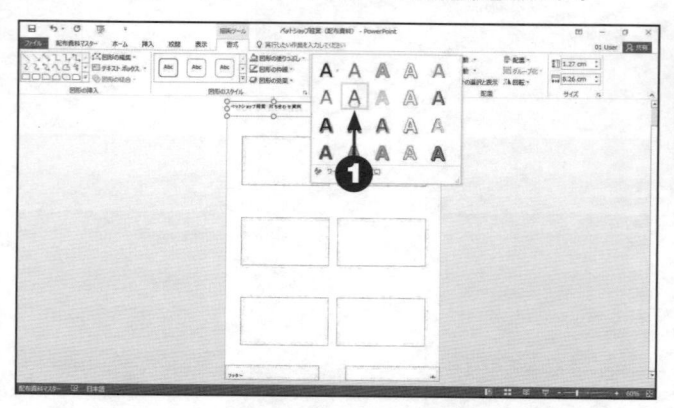

❶ [ワードアートのスタイル] の一覧の上から2行目、左から2列目の [塗りつぶし（グラデーション）- 青、アクセント5、反射] をクリックします。

Step 4 ヘッダーにワードアートのスタイルが適用されました。

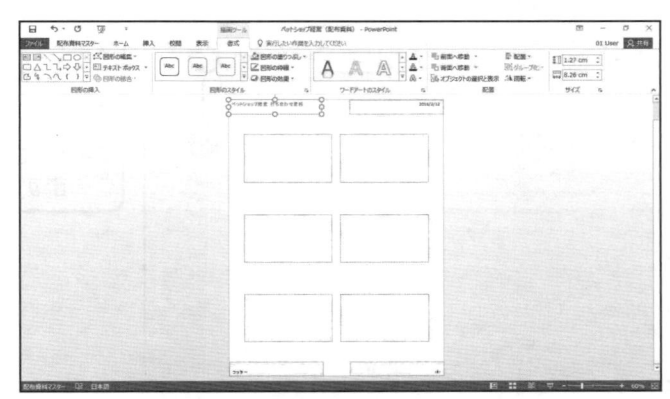

操作 ☞ フッターを作成する

「株式会社　スペアミント企画」と表示するフッターを作成し、図形のスタイルを設定しましょう。さらにフッターおよび文字列を中央揃えに配置しましょう。

Step 1 フッターに文字を入力します。

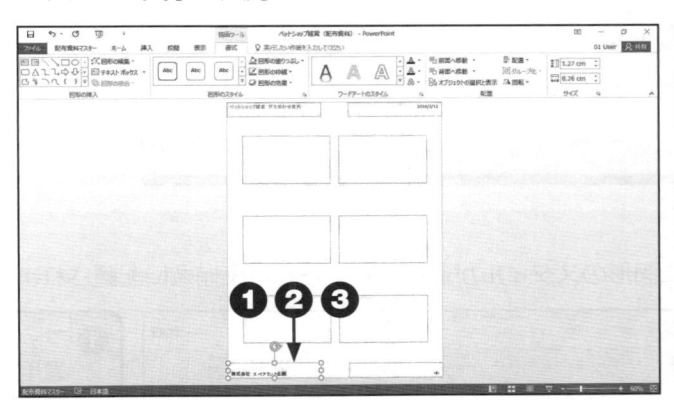

❶ [フッター] と表示されている四角形の内側をクリックします。

❷ [フッター] という文字が消え、代わりにカーソルが表示されていることを確認します。

❸ 「株式会社　スペアミント企画」と入力します。

Step 2 フッターに図形のスタイルを設定します。

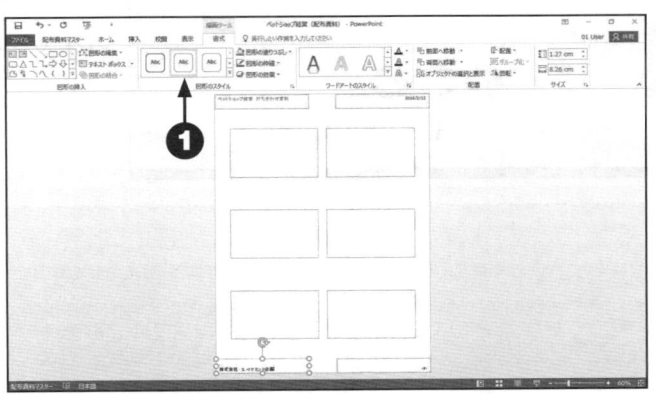

❶ [図形のスタイル] ボックスから [枠線のみ - 青、アクセント1] をクリックします。

Step 3 フッターを左右中央揃えに配置します。

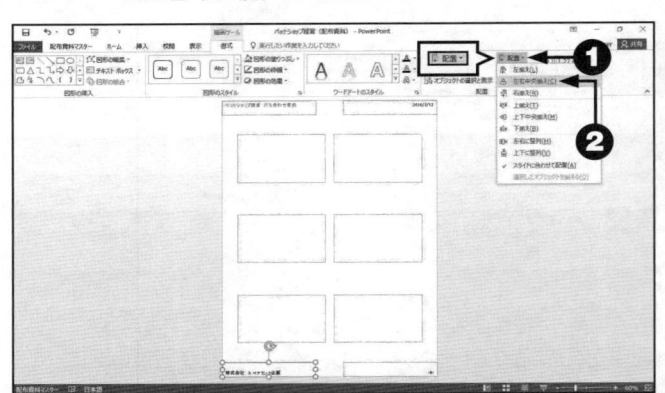

❶ [オブジェクトの配置] ボタンをクリックします。

❷ [左右中央揃え] をクリックします。

Step 4 フッターの文字列を左右中央揃えにします。

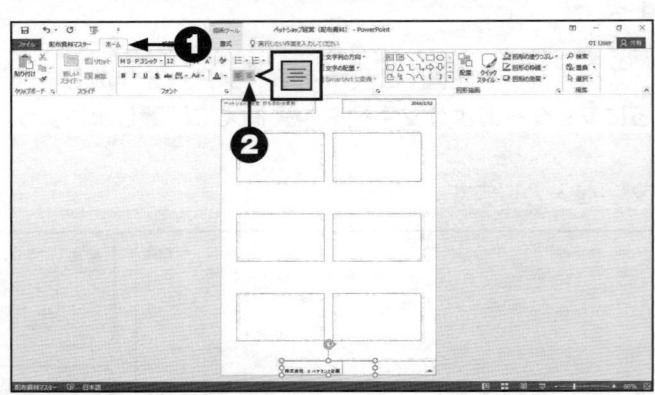

❶ [ホーム] タブをクリックします。

❷ [中央揃え] ボタンをクリックします。

Step 5 フッターに図形のスタイルが適用され、左右中央揃えに配置されました。

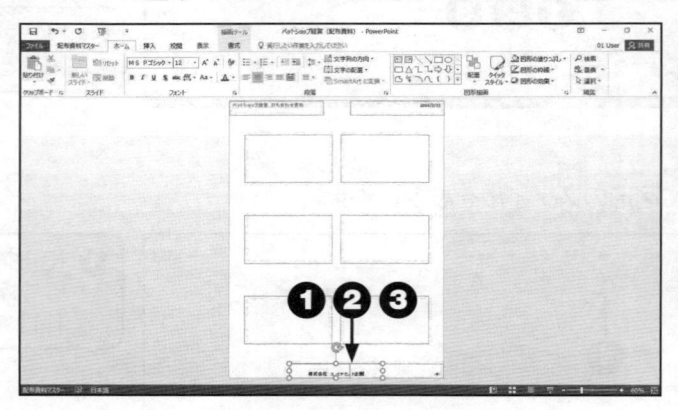

❶ フッターに図形のスタイルが適用されたことを確認します。

❷ スライドの左右中央に配置されたことを確認します。

❸ 文字列が左右中央に配置されたことを確認します。

Step 6 配布資料マスターの表示を閉じます。

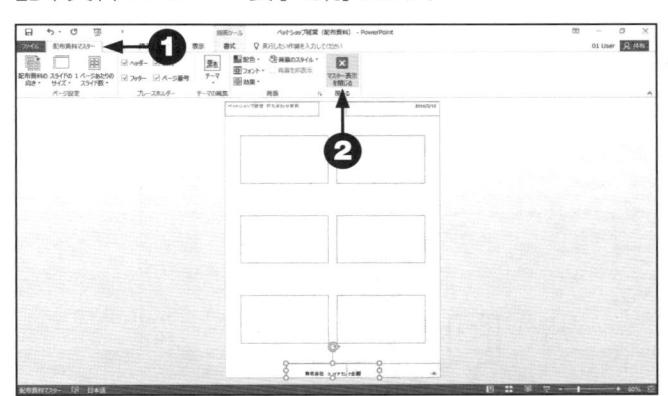

❶ [配布資料マスター] タブをクリックします。

❷ [マスター表示を閉じる] ボタンをクリックします。

操作 👉 印刷プレビューでレイアウトを確認する

作成した配布資料マスターのレイアウトを確認しましょう。配布資料のレイアウトはスライドやノートとは違い、印刷プレビューでしか確認できません。

Step 1 [印刷] ダイアログボックスを表示します。

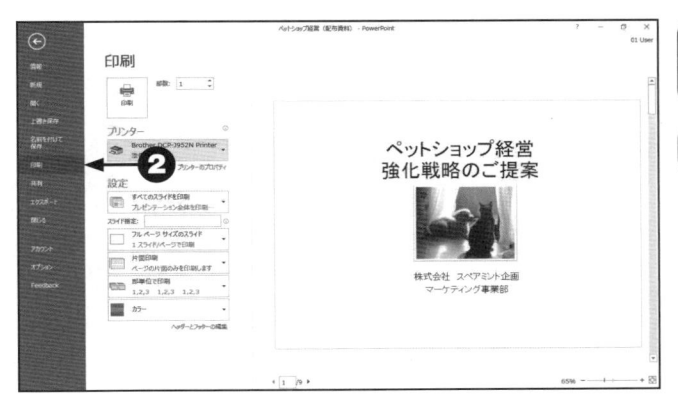

❶ [ファイル] タブをクリックします。

❷ [印刷] をクリックします。

Step 2 印刷の対象を配布資料にします。

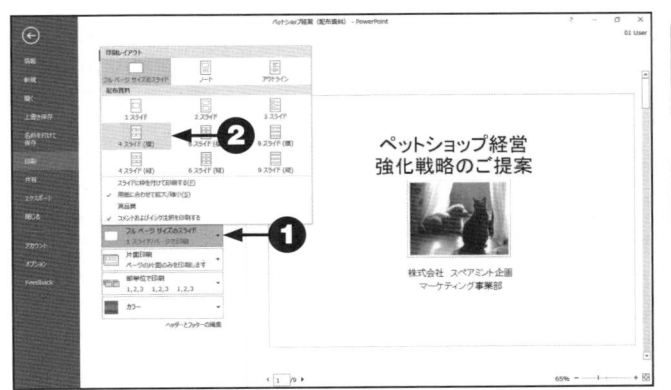

❶ [設定] の [フルページサイズのスライド] をクリックします。

❷ 一覧から [4スライド（横）] をクリックします。

Step 3 レイアウトを確認します。

❶ 画面下中央にある▶をクリックし、以降のスライドのレイアウトも確認します。

💡 ヒント

コメント
スライドにコメントが挿入されている場合、コメントはスライドとは別のページに印刷されます。

Step 4 ⬅ボタンをクリックして、前のビューに戻ります。

プレゼンテーションの準備

プレゼンテーションファイルを配布する場合には、事前にプレゼンテーションから不要な情報を削除しておく必要があります。
また、プレゼンテーションの聞き手やファイルの配布先について視覚的な障害を考慮する必要がある場合は、アクセシビリティのチェックを行い、問題点の修正ができます。
プレゼンテーションを最終版として設定すると、不用意にデータを変更されることを防げます。

ドキュメント検査の実行

PowerPointで作成したプレゼンテーションには、作成者以外の人には不要なデータが含まれている場合があります。ドキュメント検査の機能を利用すると、以下の情報を検索して削除することができます。

- ・コメントと注釈
- ・ドキュメントのプロパティと個人情報
- ・コンテンツアドイン
- ・作業ウィンドウアドイン
- ・埋め込みアドイン
- ・マクロ、フォーム、およびActiveXコントロール
- ・カスタムXMLデータ
- ・スライド上の非表示の内容
- ・スライド外のコンテンツ
- ・プレゼンテーションノート

....

操作☞ ドキュメント検査を実行する

....

Step 1 ドキュメント検査を実行するため、ファイルに「ペットショップ経営（配布資料）」という名前を付け、[保存用] フォルダーに保存します。

Step 2 [ドキュメント検査] ウィンドウを表示します。

❶ 重要

ドキュメント検査時のファイル保存

ドキュメント検査を実行する前にファイルを保存していない場合は、ファイルの保存を促すダイアログボックスが表示されます。

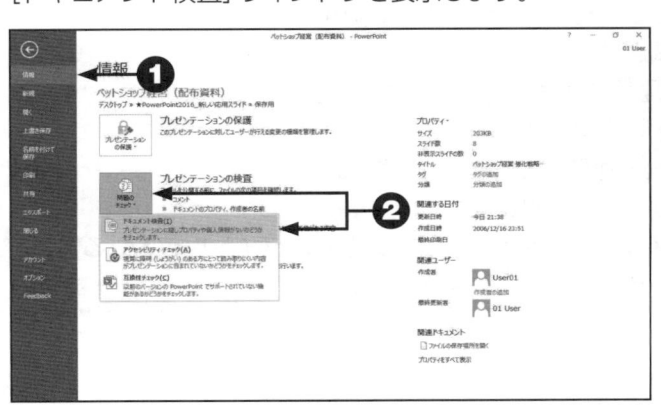

❶ [ファイル] タブをクリックして [情報] が選択されていることを確認します。

❷ [問題のチェック] をクリックし、[ドキュメント検査] をクリックします。

選択した内容がプレゼンテーションに含まれているかどうかを確認します。

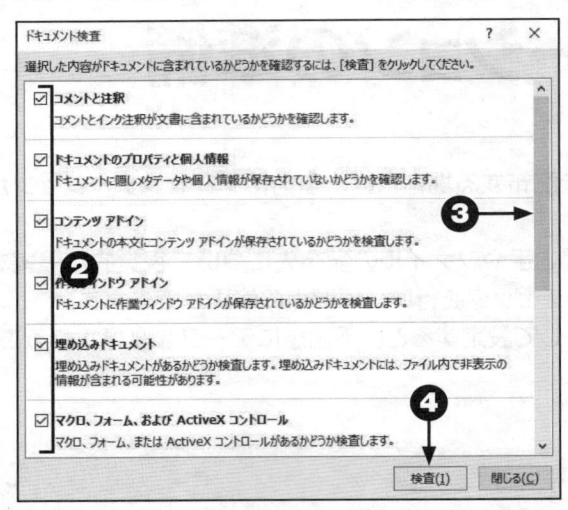

❶ [ドキュメント検査] ダイアログボックスが表示されます。

❷ 検査したい項目のチェックボックスがオンになっているかを確認します。

❸ 下方向にスクロールして、さらに検査項目を確認します。

❹ [検査] ボタンをクリックします。

検査結果を確認します。

❶ 検査結果を確認します。

❷ 削除する場合は、検査結果の [すべて削除] ボタンをクリックします。

[閉じる] ボタンをクリックして [ドキュメント検査] ウィンドウを閉じます。

💡 ヒント **アクセシビリティチェックの実行**

アクセシビリティチェックは、視覚に障害のあるユーザーにとって読みにくい内容が含まれているかどうかをチェックする機能です。

判明した問題は、

・エラー (理解が非常に困難または不可能なレベル)

・警告 (理解が困難なレベル)

・ヒント (理解可能だが、改善が望ましいレベル)

のいずれかに分類されます。

たとえばスライドにタイトルがない場合、タイトルを入れることでスライドの読み上げがされ、スライドを識別できるようになります。

最終版の設定

作成したプレゼンテーションを最終版として設定すると入力や編集ができない読み取り専用のファイルになり、誤って変更されるのを防ぐことができます。

操作👉 最終版に設定する

Step 1 プレゼンテーションを最終版として保存します。

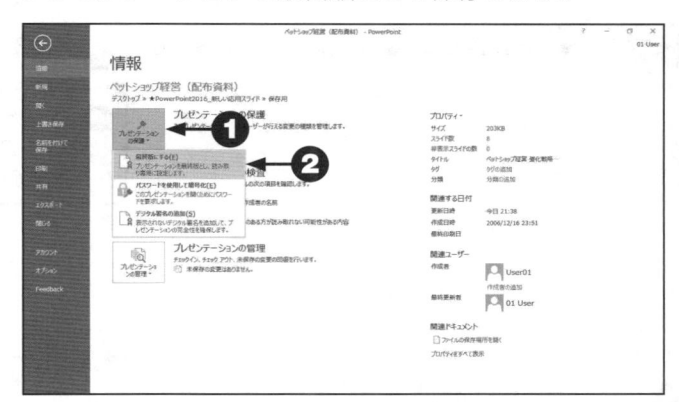

❶ [プレゼンテーションの保護] をクリックします。

❷ [最終版にする] をクリックします。

Step 2 メッセージを確認します。

❶ 表示されたメッセージを確認します。

❷ [OK] をクリックしてメッセージボックスを閉じます。

Step 3 最終版として設定されたメッセージを確認します。

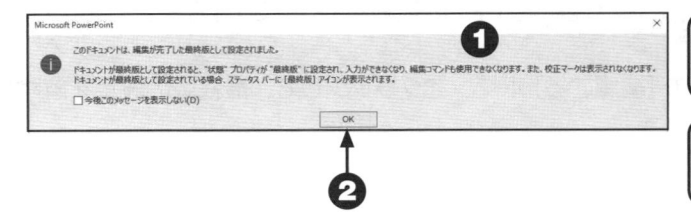

❶ 表示されたメッセージを確認します。

❷ [OK] をクリックしてメッセージボックスを閉じます。

Step 4 最終版として保存したことを確認します。

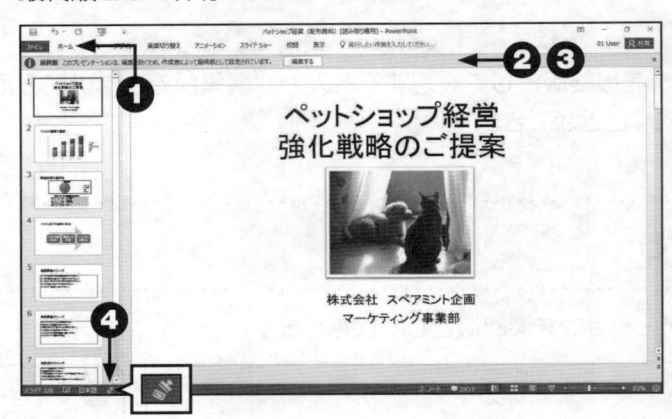

① 表示が標準(サムネイル表示)に戻ります。

② リボンが非表示になっていることを確認します。

③ スライド上部に情報バーが表示され、このプレゼンテーションが最終版であることを示すメッセージが表示されていることを確認します。

④ ステータスバーに[最終版]アイコンが表示されていることを確認します。

Step 5 読み取り専用になっていることを確認します。

💡 ヒント
最終版にしたプレゼンテーションを編集できるようにするには
情報バーの[編集する]ボタンをクリックすると、最終版の設定が解除され、プレゼンテーションを編集できるようになります。

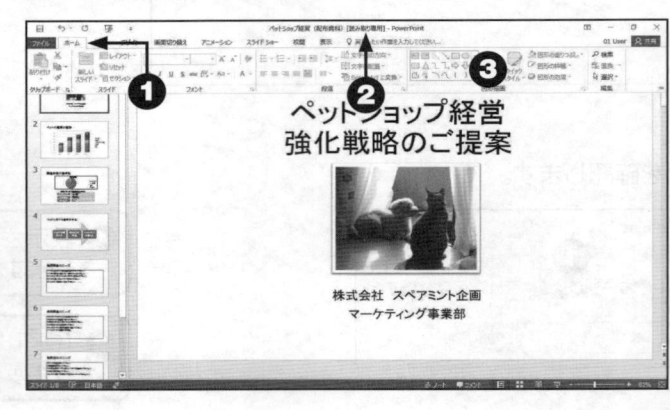

① [ホーム] タブをダブルクリックしてリボンを常時表示にします。

② [タイトル] バーに [読み取り専用] と表示されていることを確認します。

③ リボンの各ボタンがクリックできない状態で、プレゼンテーションの編集ができないことを確認します。

Step 6 「ペットショップ経営 (配布資料) 最終版」として [保存用] フォルダーに保存します。

Step 7 情報バーの [編集する] ボタンをクリックして、最終版の設定を解除します。

Wordによる配布資料の作成

作成したプレゼンテーションは、Word文書に変換して、Wordの配布資料として作成することもできます。

Wordで配布資料を作成すると、Wordの機能を使って編集や書式設定ができます。また、元のプレゼンテーションの変更が自動的に配布資料に反映されるように設定できます。

操作 👉 配布資料をWord文書として作成する

作成したプレゼンテーションからWordの文書を作成して、「説明用資料」という名前を付けて保存しましょう。

Step 1 [Microsoft Wordに送る] ダイアログボックスを開きます。

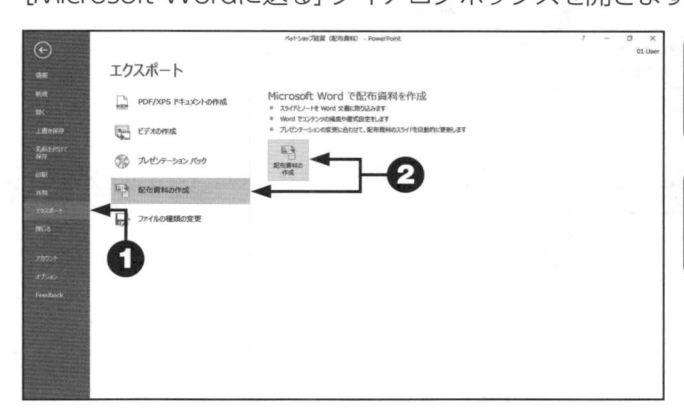

❶ [ファイル] タブをクリックし、[エクスポート] をクリックします。

❷ [配布資料の作成] をクリックし、表示された [配布資料の作成] をクリックします。

Step 2 Wordの文書形式を指定します。

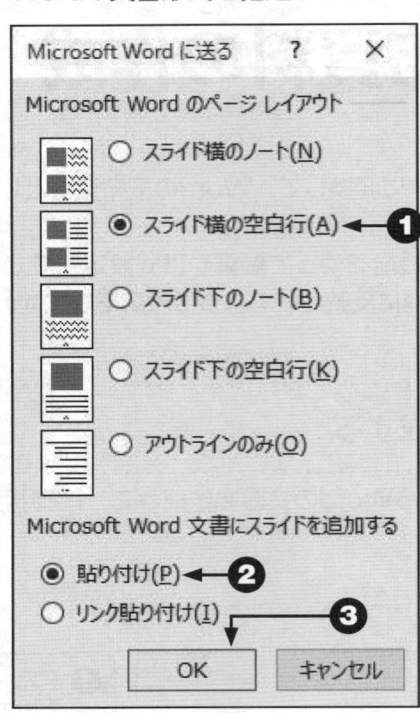

❶ [スライド横の空白行] をクリックします。

❷ [貼り付け] が選択されていることを確認します。

❸ [OK] をクリックします。

❹ Wordが起動し、スライドの画像が取り込まれた表形式の文書が作成されます。

Step 3 作成された「文書1」をタスクバーからクリックして表示し、内容を確認します。

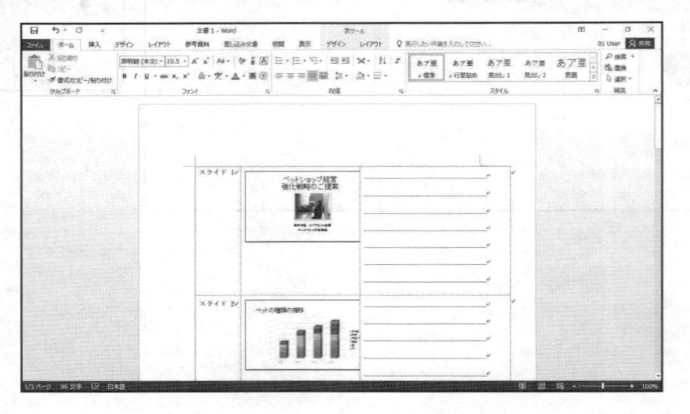

Step 4 PowerPointに切り替えて、[ファイル] タブをクリックし、[閉じる] をクリックしてファイル「ペットショップ経営 (配布資料)」を閉じます。最終版として保存済みなので、ここではファイルは保存しません。

💡 ヒント **[Microsoft Wordに送る] ダイアログボックス**
[Microsoft Wordに送る] ダイアログボックスでは、Wordのページレイアウトを指定したり、送信元のプレゼンテーションのスライドのリンクを設定したりすることができます。

書き出したい内容	選択するオプション
スライドとノート	[スライド横のノート] または [スライド下のノート]
スライド	[スライド横の空白行] または [スライド下の空白行]
アウトライン	[アウトラインのみ]

配布資料として作成したWordファイル「文書1」の表の幅を変更して、スライドの画面全体が表示されるようにしましょう。また、空白行に文字列を入力しましょう。

Step 1 Wordに切り替えてファイル「文書1」を表示します。

Step 2 表の2列目を選択します。

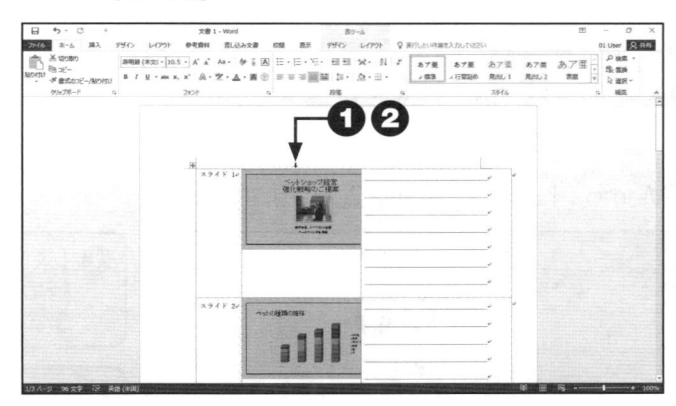

① 表の2列目の上部をポイントし、ポインターが↓になっていることを確認します。

② ポイントしている位置でクリックして2列目全体を選択します。

Step 3 [表のプロパティ] ダイアログボックスを開きます。

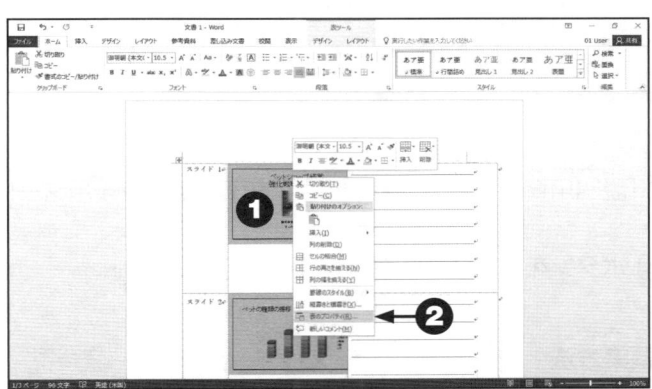

① 選択した列を右クリックします。

② [表のプロパティ] をクリックします。

Step 4 表の列幅を変更します。

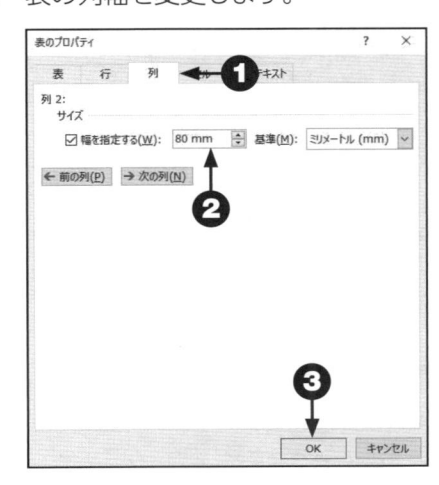

① [列] タブをクリックします。

② [列幅を指定する] ボックスに「80mm」と入力します。

③ [OK] をクリックします。

Step 5 スライド画面全体が表示されたことを確認します。

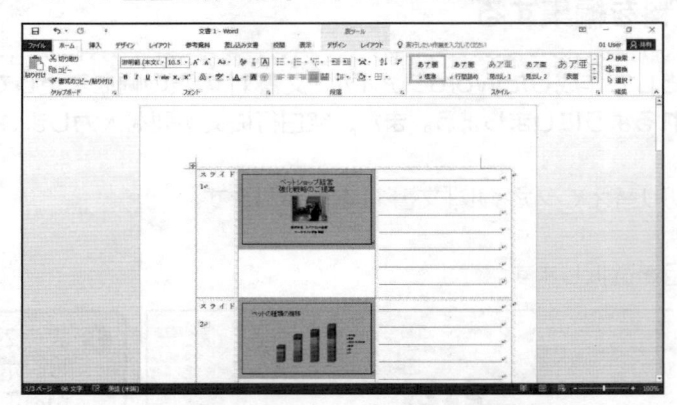

Step 6 空白行に「Memo：」という文字列を入力します。

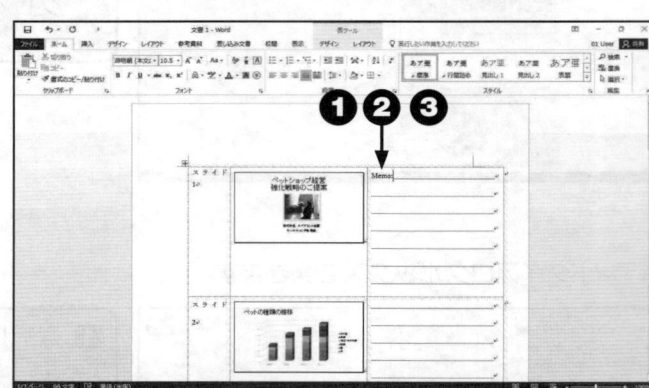

❶ 「スライド1」の1行目の空白行の先頭にカーソルを移動します。

❷ 「Memo：」と入力します。

❸ **Delete**キーを6回押して、余分な空白を削除します。

Step 7 ファイルに「説明用資料」という名前を付け、[保存用] フォルダーに保存します。

Step 8 ✕ [閉じる] ボタンをクリックして、Wordを終了します。

💡 **ヒント** **スライドの編集方法**
Wordに貼り付けたスライドを編集するには、編集したいスライドをダブルクリックするか、右クリックして表示される [Slideオブジェクト] の [編集] をクリックします。

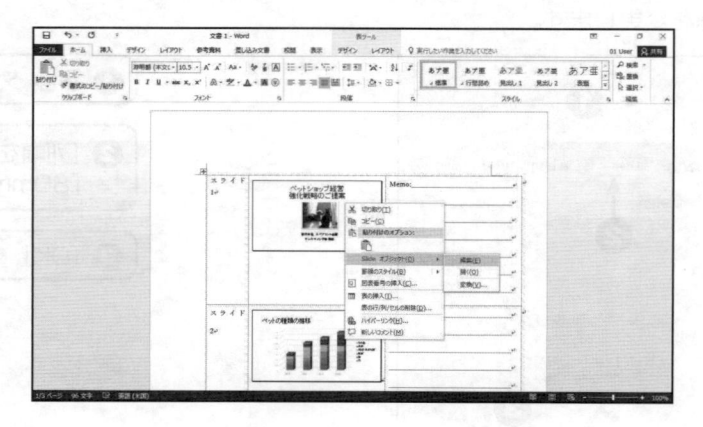

編集の操作は、Wordに貼り付けた形式によって異なります。

・[貼り付け] で貼り付けたスライドの場合

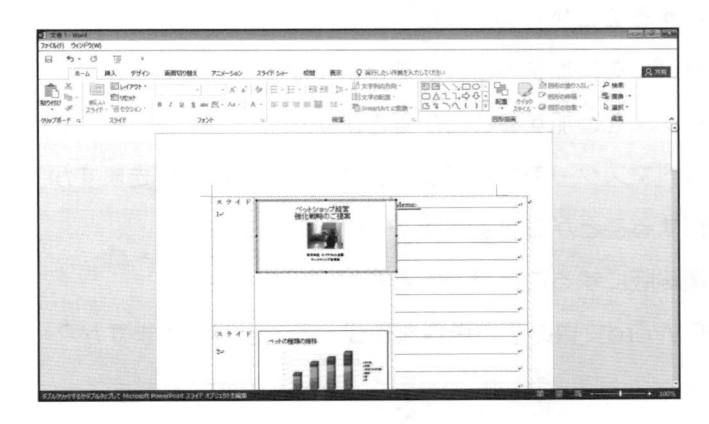

Wordのリボン表示がPowerPointのリボン表示に変わり、スライドを編集できるようになります。この例では画像をクリックして編集しています。
スライドの編集を終了する場合は、スライド以外の部分をクリックします。

・[リンク貼り付け] で貼り付けたスライドの場合

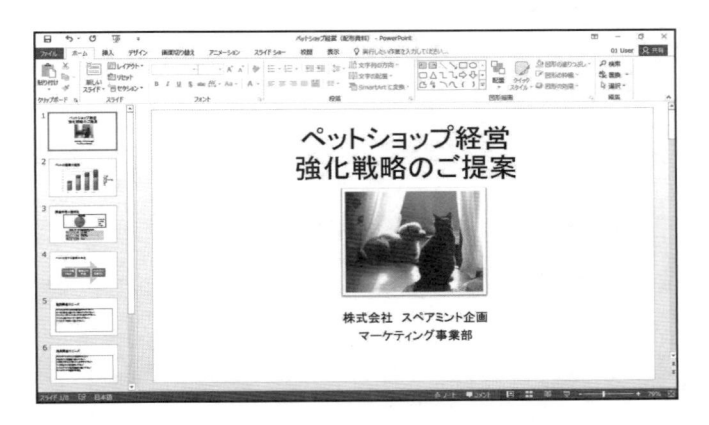

PowerPointが起動し、元のプレゼンテーションファイルが表示されます。
スライドの編集を終了する場合は、ファイルを保存してPowerPointを終了します。

🔆 ヒント　　**スライドを右クリックしたときのショートカットメニューについて**
Word文書に貼り付けたスライドを右クリックして表示されるショートカットメニューで、
[Slideオブジェクト] の [開く] をクリックすると、リンク貼り付けではないスライドの場合
でも、PowerPoint上でスライドを編集することができます。
また、リンク貼り付けの場合は、[リンク先の更新] をクリックすると、元のプレゼンテー
ションの更新を反映させることができます。

📶 この章の確認

☐ 配布資料マスターを表示することができますか？

☐ 配布資料マスターにヘッダーを追加することができますか？

☐ 配布資料マスターにフッターを追加することができますか？

☐ 印刷プレビューで配布資料マスターのレイアウトを確認することができますか？

☐ ドキュメント検査を実行することができますか？

☐ プレゼンテーションを最終版にすることができますか？

☐ プレゼンテーションからWord文書の配布資料を作成することができますか？

ICカードの導入を提案するためのプレゼンテーションの配布資料マスターにヘッダーとフッターを追加しましょう。
また、作成したプレゼンテーションでドキュメント検査を実行しましょう。

完成例
配布資料

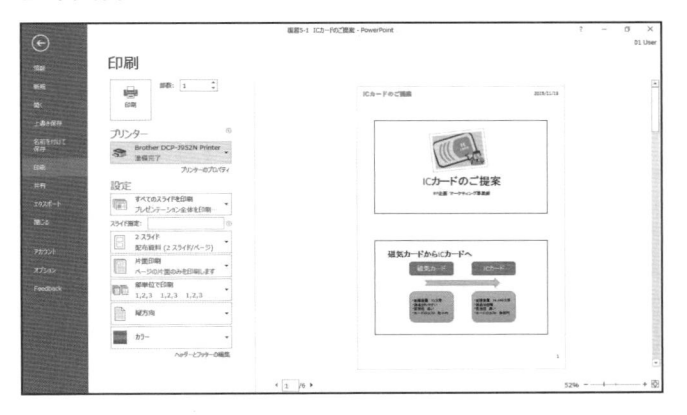

最終版

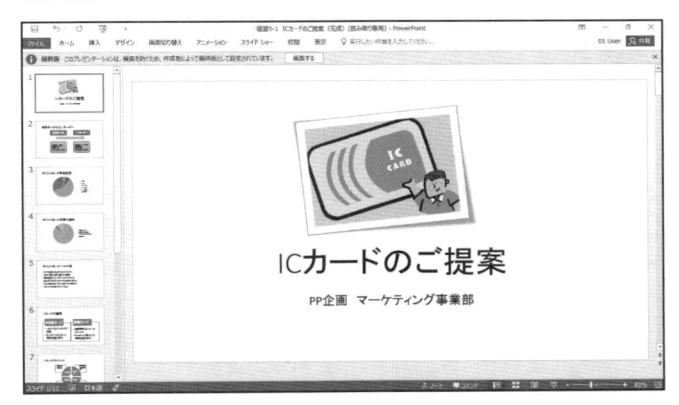

1. ファイル「復習5-1 ICカードのご提案」を開きましょう。

2. 配布資料マスターを表示して、ヘッダーに「ICカードのご提案」という文字列を追加しましょう。

3. 追加したヘッダーの文字列にワードアートのスタイル［塗りつぶし - オレンジ、アクセント2、輪郭 - アクセント2］を設定し、フォントサイズを16ポイントに変更しましょう。

4. 印刷プレビューで［配布資料］の［2スライド］に設定して、レイアウトを確認しましょう。

5. 「復習5-1 ICカードのご提案（完成）」という名前を付けてファイルを［保存用］フォルダーに保存しましょう。

6. ドキュメント検査を実行して、表示されるメッセージを確認しましょう。

7. プレゼンテーションを最終版として保存しましょう。

第6章

プレゼンテーションの保存

- スライドショー形式とプレゼンテーションパック
- グラフィックス形式
- セキュリティの設定
- その他の形式

スライドショー形式と
プレゼンテーションパック

作成したプレゼンテーションを、他のコンピューターでスライドショーを実行する目的で配布する
場合には、プレゼンテーションをスライドショー形式で保存することができます。また、プレゼン
テーションに他のファイルへのリンクが設定されている場合には、プレゼンテーションパックを利
用すると便利です。プレゼンテーションパックは、PowerPointのファイルやリンク先のファイルを
まとめてパッケージ化でき、CDにコピーすることもできます。

スライドショー形式での保存

プレゼンテーションをスライドショー形式で保存する方法を学習します。スライドショー形式とは、ファイル
を開くと自動的にスライドショーが実行される形式です。

操作☞ スライドショー形式で保存する

ファイル「ペット産業に関する市場調査結果（保存用）」を開き、スライドショー形式で保存
しましょう。

Step 1 [PowerPoint2016応用] フォルダーのファイル「ペット産業に関する市場調査結果（保存用）」
を開きます。

Step 2 [名前を付けて保存] ダイアログボックスを開きます。

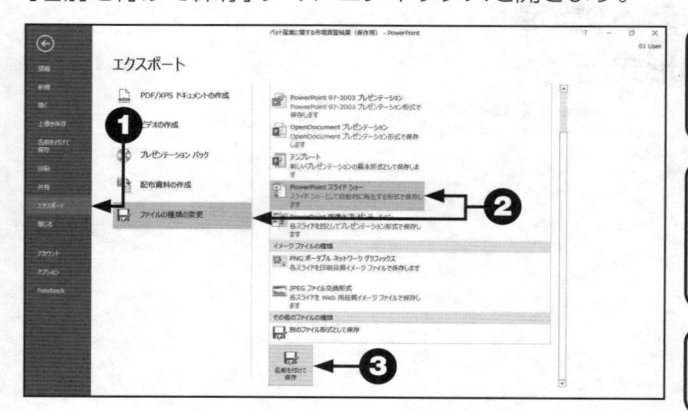

ヒント
**[名前を付けて保存] から
の保存**
スライドショー形式やプ
レゼンテーションパック
のように、ファイル形式
を変えて保存したい場合
には、[ファイル] タブの
[名前を付けて保存] をク
リックしても、[名前を
付けて保存] ダイアログ
ボックスを開くことがで
きます。ただし、この場
合は[ファイルの種類]を
保存したいファイル形式
に指定し直す必要があり
ます。

❶ [ファイル] タブをクリックし、
[エクスポート] をクリックし
ます。

❷ [ファイルの種類の変更] をク
リックし、一覧で [Power
Pointスライドショー] をク
リックします。

❸ [名前を付けて保存] をクリッ
クします。

Step 3 [保存用] のフォルダーにスライドショー形式で保存します。

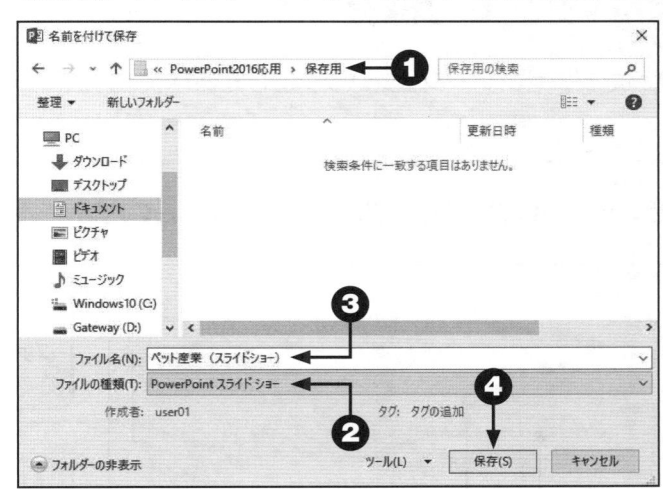

❶ 保存先を [保存用] フォルダー にします。

❷ [ファイルの種類] が [Power Pointスライドショー] になっ ていることを確認します。

❸ [ファイル名] を「ペット産業 （スライドショー）」に変更し ます。

❹ [保存] ボタンをクリックしま す。

Step 4 タイトルバーのファイル名が、「ペット産業（スライドショー）」に変わったことを確認します。

Step 5 [ファイル] タブをクリックし、[閉じる] をクリックしてファイル「ペット産業（スライド ショー)」を閉じます。

Step 6 [保存用] フォルダーを開いてファイル「ペット産業（スライドショー）」をダブルクリックし、 スライドショーが直接開始されることを確認します。

Step 7 **Esc**キーを押して、スライドショーを終了します。

プレゼンテーションパックでの保存

リンク先のファイルなども含めたプレゼンテーションパックとして保存する方法について学習します。

■ プレゼンテーションパックとして保存したフォルダーの内容

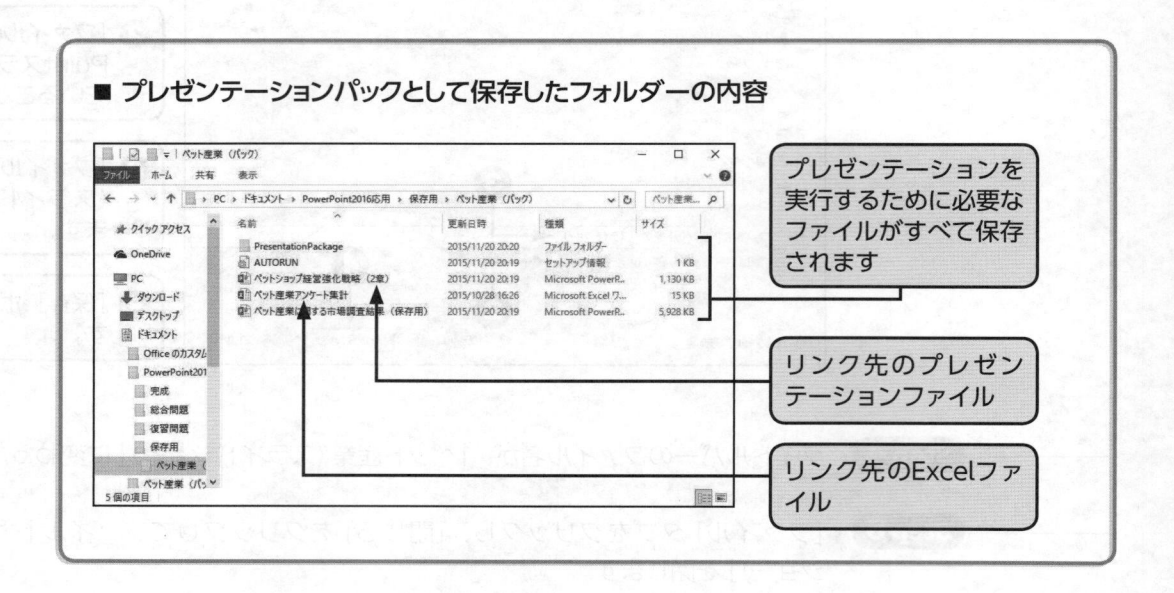

プレゼンテーションを実行するために必要なファイルがすべて保存されます

リンク先のプレゼンテーションファイル

リンク先のExcelファイル

⚠ **重 要** **PowerPointがインストールされていない環境での実行**

PowerPointがインストールされていないパソコンでプレゼンテーションを実行するために、PowerPoint Viewerというソフトが用意されています。PowerPoint Viewerでできるのはスライドショー形式の実行のみで、プレゼンテーションの編集などは行えません。Microsoft ダウンロードセンターから無償でダウンロードして使用することができます。

操作🖙 プレゼンテーションパックとして保存する

ファイル「ペット産業に関する市場調査結果（保存用）」を開き、「ペット産業（パック）」という フォルダー名で、プレゼンテーションパックを保存しましょう。

Step 1 ファイル「ペット産業に関する市場調査結果（保存用）」を開きます。

Step 2 5枚目のスライドでスライドショーを実行し、Excelブックファイル「ペット産業アンケート 集計」へハイパーリンクが設定されていることを確認します。

Step 3 同様にして8枚目のスライドでスライドショーを実行し、プレゼンテーションファイル「ペッ トショップ経営強化戦略（2章）」へのハイパーリンクが設定されていることを確認します。

Step 4 [プレゼンテーションパック] ダイアログボックスを表示します。

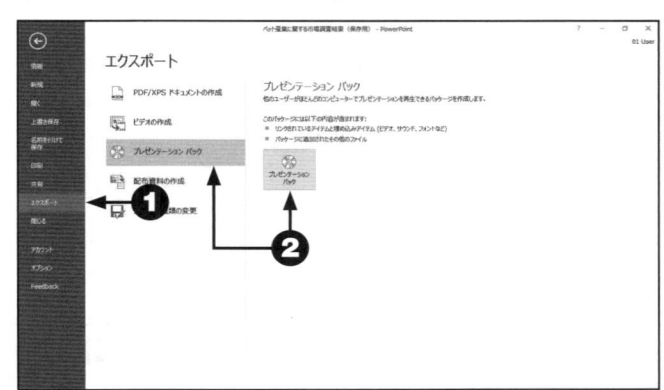

❶ [ファイル] タブをクリックし、 [エクスポート] をクリックし ます。

❷ [プレゼンテーションパック] をクリックし、[プレゼンテー ションパック] をクリックし ます。

💡 ヒント
動作設定ボタンに挿入したハイパーリンクについて
動作設定ボタンに挿入したハイパーリンクは、ファイルを別のフォルダーに移動したときに 自動更新されません。ファイルを別のフォルダーに移動した場合は、ハイパーリンクを編集 する必要があります。
提供している実習用データでは、8枚目のスライドのハイパーリンク先が「C:¥Users¥User0 1¥Documents¥PowerPoint2016応用¥ペットショップ経営強化戦略（2章）.pptx#12.現状 のニーズ」に設定されているので、上記フォルダー以外に提供データをコピーした場合は、 リンク先のプレゼンテーションが表示されない場合があります。

Step 5 [プレゼンテーションパック] ダイアログボックスを開きます。

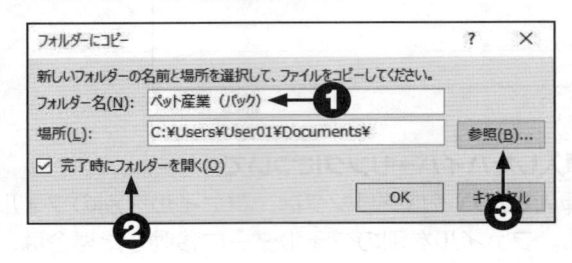

❶ [フォルダーにコピー] ボタン
をクリックします。

Step 6 フォルダー名を指定します。

❶ [フォルダー名] に「ペット産
業(パック)」と入力します。

❷ [完了時にフォルダーを開く]
チェックボックスがオンになっ
ていることを確認します。

❸ [参照] ボタンをクリックしま
す。

Step 7 [保存先の選択] ダイアログボックスで [保存用] フォルダーを開き、[選択] ボタンをクリッ
クします。

Step 8 [フォルダーにコピー] ダイアログボックスの [OK] ボタンをクリックします。

Step 9 メッセージを確認します。

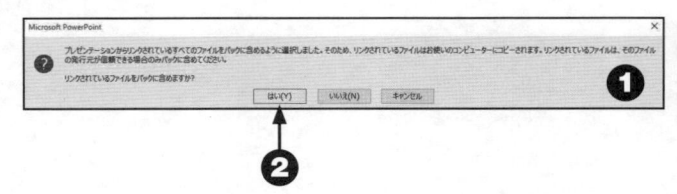

❶ メッセージが表示されます。

❷ [はい] をクリックします。

Step 10 プレゼンテーションパックの内容を確認します。

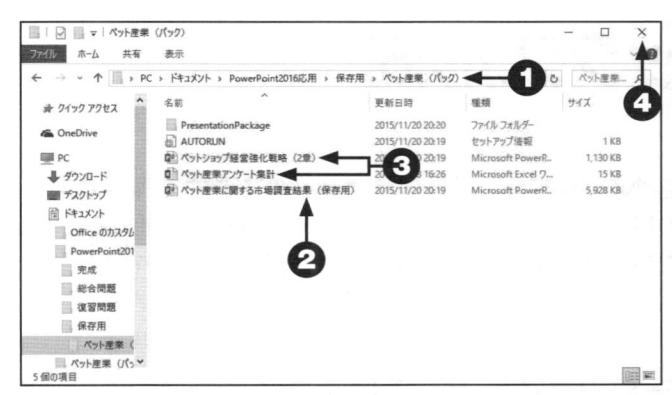

❶ コピーが完了すると、［ペット産業（パック）］フォルダーが開きます。

❷ プレゼンテーションファイルを確認します。

❸ リンク先のファイルを確認します。

❹ ［閉じる］ボタンをクリックして、［ペット産業（パック）］フォルダーを閉じます。

Step 11 ［プレゼンテーションパック］ダイアログボックスの［閉じる］ボタンをクリックします。

💡 ヒント　**ExcelやWordのデータ**

Excelブックファイルやword文書ファイルへのリンクを設定している場合、スライドショーを実行するパソコンに、それらのファイルを開くためのソフトがインストールされていないと、リンク先のファイルを開くことができません。

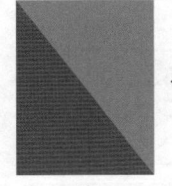

グラフィックス形式

プレゼンテーションをPNGやJPEGなどのグラフィックス形式で保存することができます。グラフィックス形式で保存すると、スライド1枚1枚が、イメージファイルとして保存されます。スライドをWebページ上のグラフィックスとして使用するときなどに便利です。

操作 👉 スライドをイメージファイルとして保存する

ファイル「ペット産業に関する市場調査結果 (保存用)」を [保存用] フォルダーにJPEG形式で保存しましょう。

Step 1 ファイル「ペット産業に関する市場調査結果 (保存用)」が開いていることを確認します。

Step 2 [名前を付けて保存] ダイアログボックスを表示します。

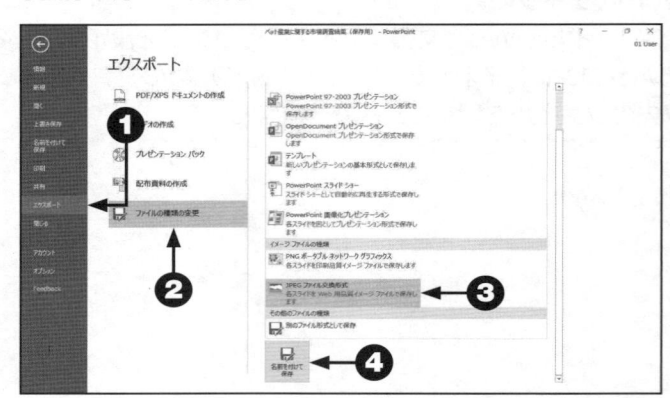

❶ [ファイル] タブをクリックし、[エクスポート] をクリックします。

❷ [ファイルの種類の変更] をクリックします。

❸ [JPEGファイル交換形式] をクリックします。

❹ [名前を付けて保存] をクリックします。

Step 3 ファイルをJPEG形式として保存します。

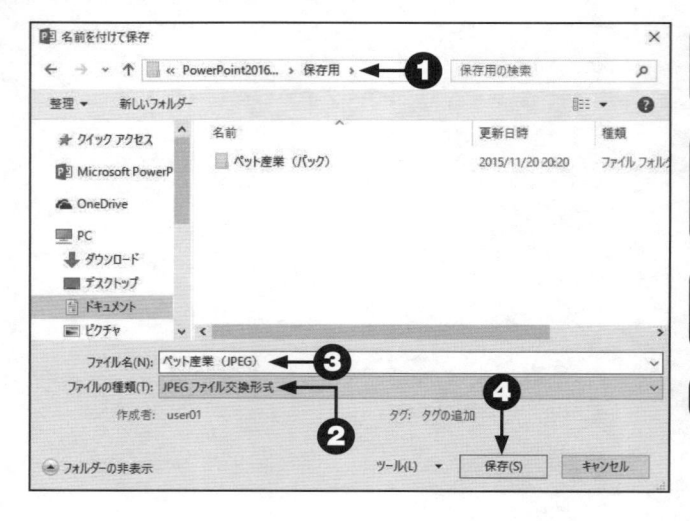

❶ 保存先に [保存用] フォルダーを指定します。

❷ [ファイルの種類] が [JPEGファイル交換形式] であることを確認します。

❸ [ファイル名] に「ペット産業 (JPEG)」と入力します。

❹ [保存] をクリックします。

Step 4 すべてのスライドをエクスポートします。

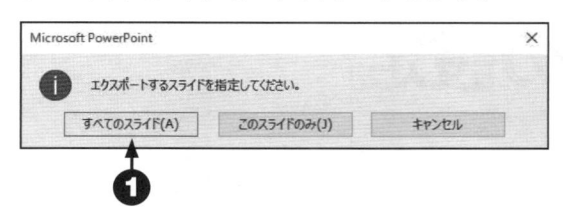

① [すべてのスライド] をクリックします。

Step 5 スライドが「ペット産業 (JPEG)」フォルダーに保存されたことをメッセージで確認します。

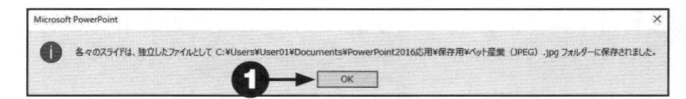

① [OK] をクリックします。

Step 6 [保存用] フォルダーを開いて、「ペット産業 (JPEG)」フォルダーを開きます。

① スライドがJPEG形式で保存されたことを確認します。

Step 7 「ペット産業 (JPEG)」フォルダーのウィンドウの ⊠ [閉じる] ボタンをクリックして、ウィンドウを閉じます。

💡 ヒント **保存可能なグラフィックス形式について**

PowerPointで保存できるグラフィックス形式には、主に以下のものがあります。このうち、前述の操作方法で表示されるのはPNGとJPEGだけです。GIFとTIFF形式を指定したいときは [名前を付けて保存] ダイアログボックスを利用します。

画像形式	特徴
GIFグラフィックス交換形式	256色をサポートし、イラストなどの画像に適しています。アニメーションや背景の透明色もサポートしています。
JPEGファイル交換形式	約1600万色をサポートし、写真やグラデーションなどのグラフィックスなどに適しています。
PNGポータブルネットワークグラフィックス形式	GIFに代わるWebの標準として策定されました。フルカラーの画像を劣化することなく圧縮することができます。アニメーションはサポートしていません。
TIFF形式	ビットマップ画像を保存するために最適な画像形式です。任意の解像度に設定することが可能です。

セキュリティの設定

作成したプレゼンテーションファイルに、第三者に知られては不都合な機密情報や個人情報が含まれていることがあります。万が一、第三者にファイルを誤送信してしまったり、盗まれたりしてしまうと、情報漏洩として莫大な被害が発生する可能性もあります。
PowerPointの暗号化機能を使用すれば、パスワードを知っている人だけがファイルを開くことができるようになるので、第三者によってファイルが開かれることを防止できます。

操作 ☞ ファイルにパスワードを付ける

ファイル「ペット産業に関する市場調査結果（保存用）」にパスワードを使用して暗号化しましょう。

Step 1 ファイル「ペット産業に関する市場調査結果（保存用）」が開いていることを確認します。

Step 2 [ドキュメントの暗号化] ダイアログボックスを開きます。

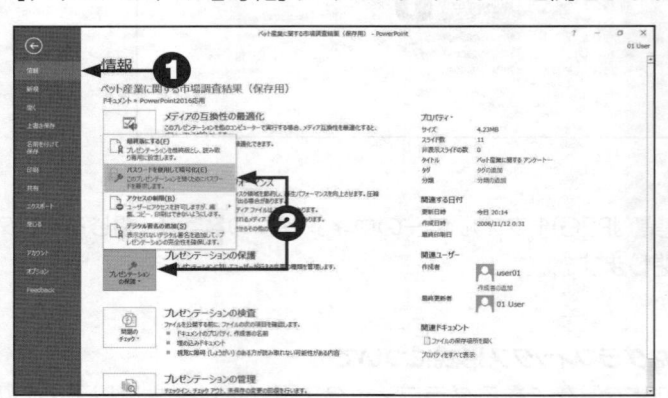

❶ [ファイル] タブをクリックし、[情報] が選択されていることを確認します。

❷ [プレゼンテーションの保護] をクリックし、[パスワードを使用して暗号化] をクリックします。

Step 3 パスワードを入力します。

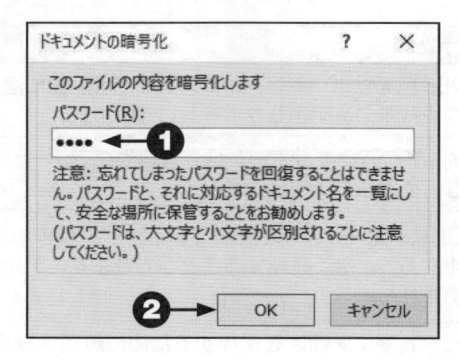

❶ [パスワード] に、半角小文字で「pass」と入力します。（入力したパスワードは、画面上では黒丸で表示されます）

❷ [OK] をクリックします。

Step 4 確認のため、パスワードを再度入力します。

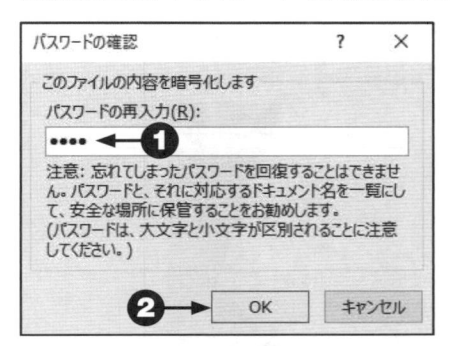

Step 5 パスワードが設定されたことを確認します。

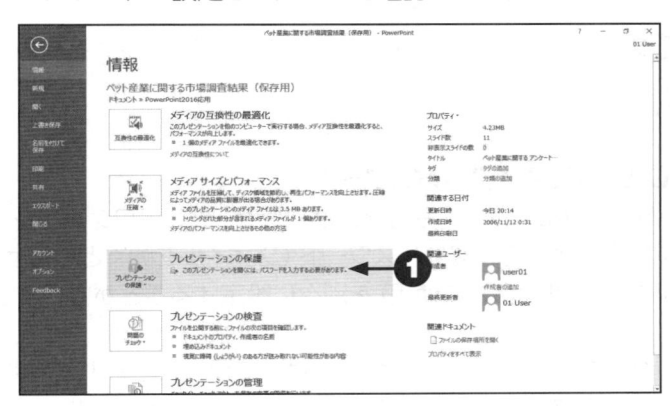

Step 6 ファイルを「ペット産業（パスワード）」という名前で、[保存用] フォルダーに保存します。

Step 7 [ファイル] タブをクリックし、[閉じる] をクリックして、ファイル「ペット産業（パスワード）」を閉じます。

Step 8 [ファイル] タブをクリックし、[開く] をクリックして [保存用] フォルダーに保存したファイル「ペット産業（パスワード）」を開きます。

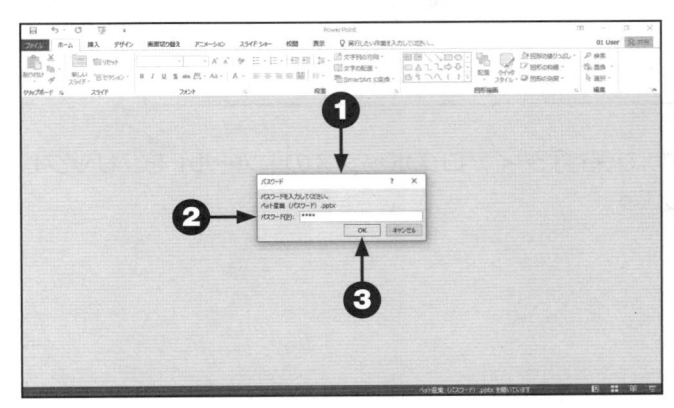

プレゼンテーションファイルが開くことを確認します。

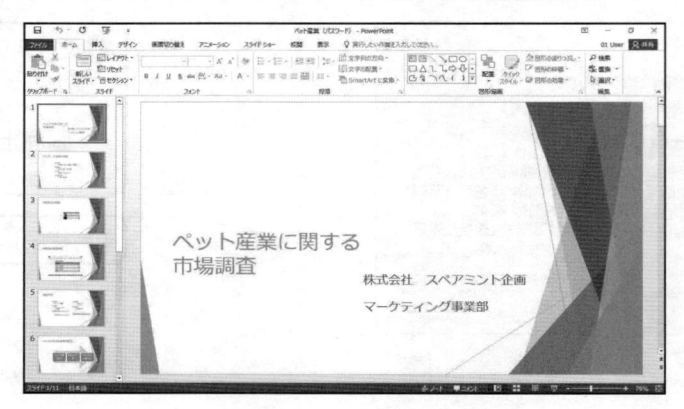

[ファイル] タブをクリックし、[閉じる] をクリックしてファイル「ペット産業 (パスワード)」
を閉じます。

💡 ヒント

読み取りパスワードと書き込みパスワード

パスワードは以下のように、[名前を付けて保存] ダイアログボックスでも付けることができ
ます。この方法では、読み取りパスワード (ファイルを開くときに使用) と書き込みパスワー
ド (ファイルを編集するときに使用) を別々に設定することができます。

[ファイル] タブをクリックして、[名前を付けて保存] をクリックします。[参照] ボタンをク
リックして、[名前を付けて保存] ダイアログボックスを開きます。

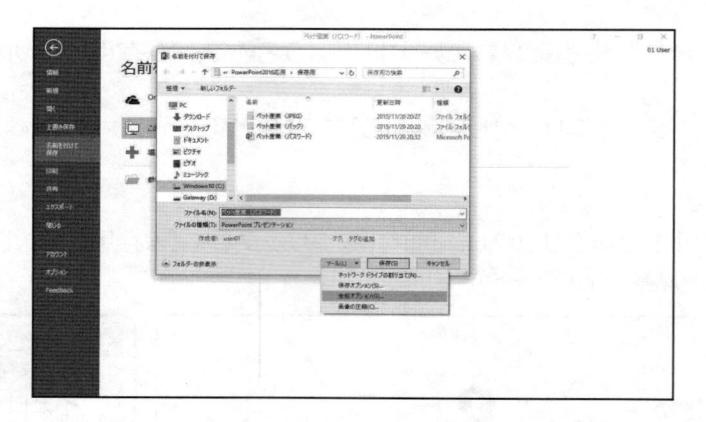

[名前を付けて保存] ダイアログボックスの [ツール] をクリックして、[全般オプション] を
クリックします。

読み取りパスワードは、ファイルを開くときに使用するパスワードです。

書き込みパスワードは、ファイルを編集するときに使用するパスワードです。

パスワードが設定できたらあとは通常どおり、［名前を付けて保存］ダイアログボックスで［保存］をクリックして、ファイルを保存します。

その他の形式

作成したプレゼンテーションは、これまで学習してきた形式のほかにも、さまざまなファイル形式に変換して保存することができます。
ここではPDFの形式で保存する方法を学習します。

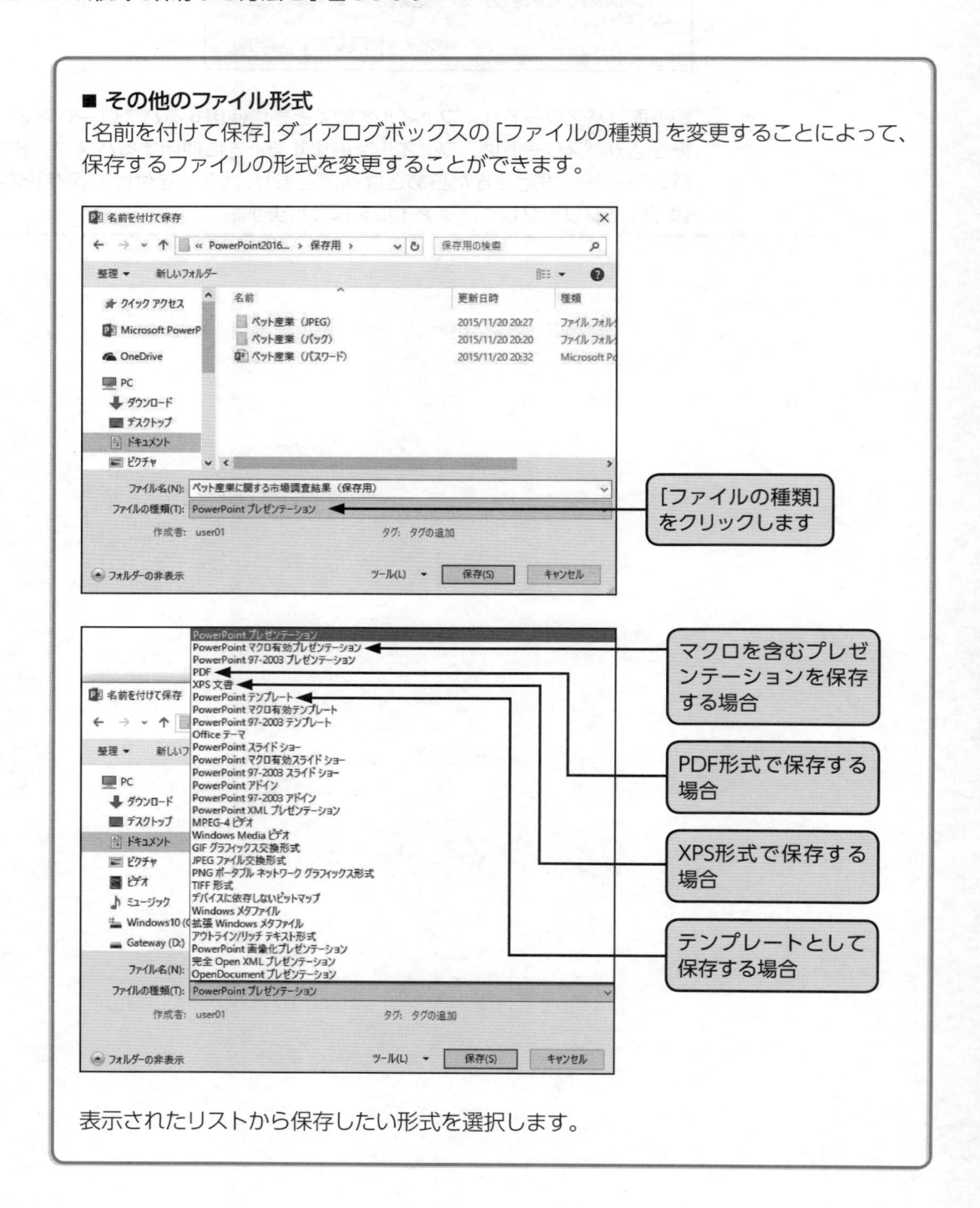

■ その他のファイル形式
[名前を付けて保存] ダイアログボックスの [ファイルの種類] を変更することによって、保存するファイルの形式を変更することができます。

[ファイルの種類] をクリックします

マクロを含むプレゼンテーションを保存する場合

PDF形式で保存する場合

XPS形式で保存する場合

テンプレートとして保存する場合

表示されたリストから保存したい形式を選択します。

PDF/XPS形式での保存

PDFとXPSは、PowerPointがインストールされていない環境であっても、プレゼンテーションの書式を崩さずに表示することができるファイル形式です。プレゼンテーションをPDFやXPS形式で保存すれば、PowerPointを使用していないユーザーとの間でもPowerPointのスライドのイメージを共有することができます。

操作 👉 PDF/XPS形式で保存する

ファイル「ペット産業に関する市場調査結果（保存用）」を、PDF形式で保存しましょう。

Step 1 ファイル「ペット産業に関する市場調査結果（保存用）」を開きます。

Step 2 [PDFまたはXPS形式で発行] ダイアログボックスを開きます。

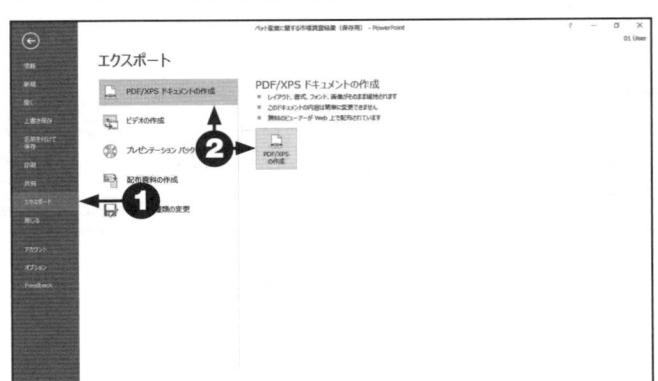

❶ [ファイル] タブをクリックし、[エクスポート] をクリックします。

❷ [PDF/XPSドキュメントの作成] をクリックし、[PDF/XPSの作成] をクリックします。

Step 3 ファイルに「ペット産業（PDF）」という名前を付けて、[保存用] フォルダーに保存します。

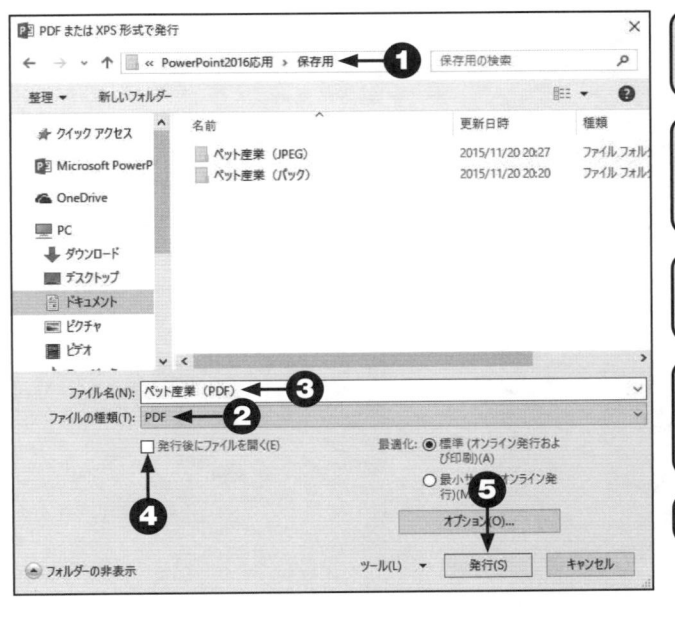

❶ 保存先を [保存用] フォルダーにします。

❷ [ファイルの種類] が [PDF] になっていることを確認します。

❸ [ファイル名] に [ペット産業（PDF）] と入力します。

❹ [発行後にファイルを開く] チェックボックスをオフにします。

❺ [発行] をクリックします。

Step 4 [保存用] フォルダーを開いて、ファイル「ペット産業 (PDF)」が作成されていることを確認します。

Step 5 [保存用] フォルダーのウィンドウの ✕ [閉じる] ボタンをクリックして、ウィンドウを閉じます。

Step 6 [ファイル] タブをクリックし、[閉じる] をクリックしてファイル「ペット産業に関する市場調査結果 (保存用)」を閉じます。

🔔 重 要　PDF/XPS形式のファイルを表示するには

PDF形式のファイルを閲覧するには、Adobe Readerなどのアプリケーションが必要です。Adobe Readerは、Adobe社のWebサイトで無償配布されています。また、Windows 10に付属するアプリケーションのMicrosoft EdgeもPDF形式のファイルを閲覧できます。
XPS形式のファイルを開くには、OSがWindows Vista以降であれば、特別なアプリケーションを必要としません。

💡 ヒント　ビデオの作成

PowerPoint 2010からは、プレゼンテーションをビデオファイル形式で保存することもできるようになりました。ビデオには、プレゼンテーションに保存されているタイミングやナレーション、アニメーションやメディアファイルなども保存されます。

📶 この章の確認

- ☐ プレゼンテーションをスライドショー形式で保存することができますか？
- ☐ プレゼンテーションをプレゼンテーションパックとして保存することができますか？
- ☐ プレゼンテーションをJPEG形式のイメージファイルとして保存することができますか？
- ☐ プレゼンテーションをパスワードを使用して暗号化することができますか？
- ☐ プレゼンテーションをPDF形式で保存することができますか？

 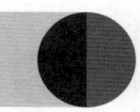

ポイントカードの導入を提案するためのプレゼンテーションをスライドショー形式で保存しましょう。

完成例
スライドショー形式

スライドショー

1. ファイル「復習6-1　ポイントカードの市場」を開きましょう。

2. 「復習6-1　ポイントカードの市場（完成）」という名前を付けて、［保存用］フォルダーに、スライドショー形式で保存しましょう。

3. ファイルを、いったん閉じましょう。

4. ［保存用］フォルダーを開き、保存したファイル「復習6-1　ポイントカードの市場（完成）」をダブルクリックして、スライドショーが直接開始されることを確認しましょう。

ポイントカードの導入を提案するためのプレゼンテーションを、パスワードを利用して暗号化しましょう。

完成例

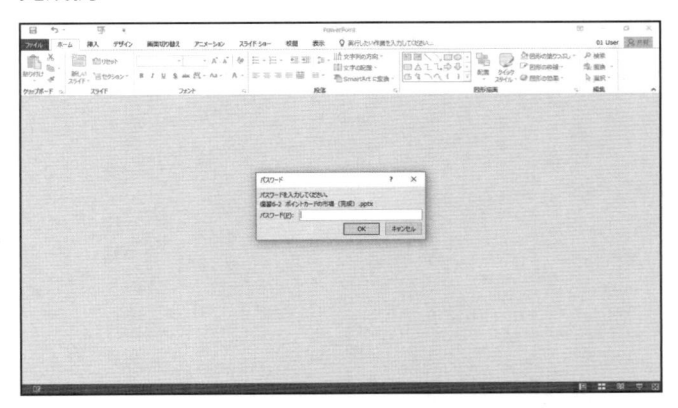

1. ファイル「復習6-2　ポイントカードの市場」を開きましょう。

2. プレゼンテーションに、「pass」というパスワードを設定してから、「復習6-2　ポイントカードの市場（完成）」という名前を付けて、[保存用] フォルダーに保存しましょう。

3. ファイルを、いったん閉じましょう。

4. [保存用] フォルダーを開き、保存したファイル「復習6-2　ポイントカードの市場（完成）」をダブルクリックして、[パスワード] ダイアログボックスが表示されることを確認しましょう。

5. パスワード「pass」を入力して [OK] をクリックし、プレゼンテーションが開くことを確認しましょう。

総合問題

本書で学習した内容が身に付いたかどうか、
総合問題で確認しましょう。

 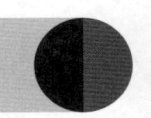

アメリカ西海岸についてのプレゼンテーションに、テーマや書式の設定などを行って、オリジナルテンプレートとして保存しましょう。

完成例
スライドショー（タイトルスライド）

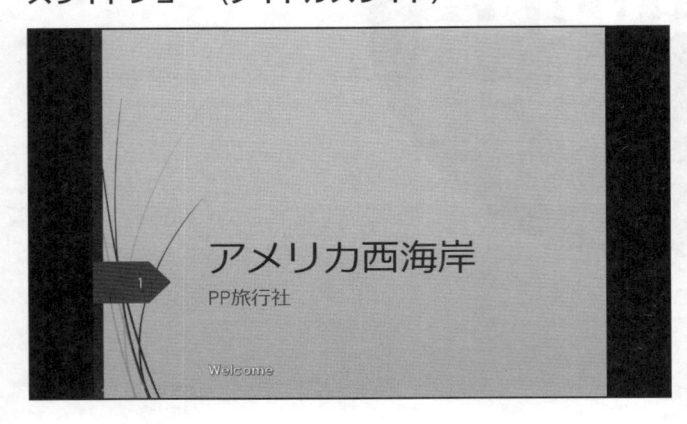

スライドショー（タイトルとコンテンツ）

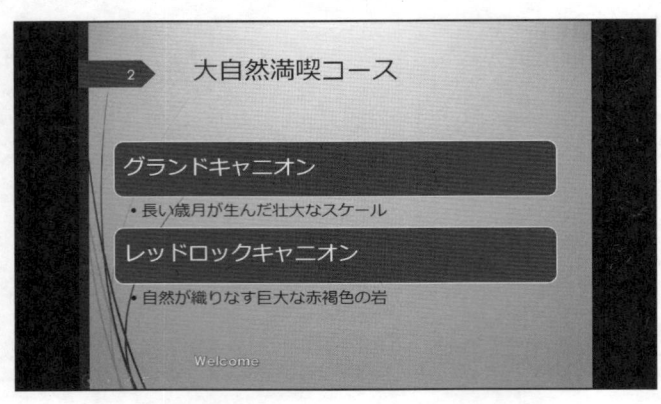

スライドショー（セクション見出し）

1. PowerPoint 2016を起動しましょう。

2. [総合問題] フォルダーのファイル「総合1　アメリカ西海岸」を開きましょう。

3. スライドのサイズを [標準 (4：3)] にしましょう。

4. スライドマスターを表示し、テーマに [ウィスプ] を設定して配色に [赤] を設定しましょう。

5. スライドマスターに背景のスタイル [スタイル6] を設定しましょう。

6. セクション見出しのレイアウトの背景に、テクスチャ [新聞紙] を設定しましょう。

> ☀ ヒント　　**背景にテクスチャを設定するには**
> [背景の書式設定] ウィンドウの [塗りつぶし] で [塗りつぶし (図またはテクスチャ)] を
> クリックし、テクスチャの▼をクリックして表示される一覧から選択します。

7. タイトルとコンテンツのレイアウトの背景に、塗りつぶし（グラデーション）の既定のグラデーション [上スポットライト - アクセント3] を設定しましょう。

8. スライドマスターのフッターに、文字列「Welcome」を入力し、フォントサイズを20ポイントに設定しましょう。

9. フッターに、ワードアートのスタイル [塗りつぶし - 白、輪郭 - アクセント2、影（ぼかしなし）- アクセント2] を設定しましょう。

10. すべてのスライドに、スライド番号とフッターを表示するように設定しましょう。

11. 標準（サムネイル表示）でプレゼンテーションを表示しましょう。

12 1枚目のスライドの「PP旅行社」のフォントサイズを28ポイントに変更しましょう。

13. マスターに「ようこそ」という名前を付け、オリジナルテンプレートとして保存しましょう。

14. 1枚目のスライドからプレゼンテーションをスライドショー表示しましょう。

15. 「総合1　アメリカ西海岸（完成）」という名前を付けて [保存用] フォルダーに保存しましょう。

アメリカ西海岸についてのプレゼンテーションを完成させましょう。

完成例
スライドマスター

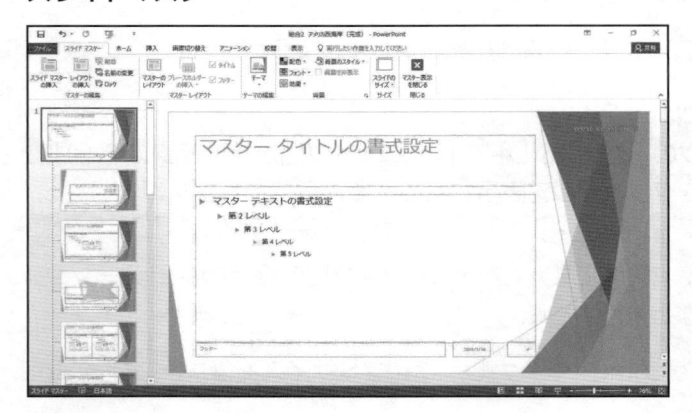

セクション見出し

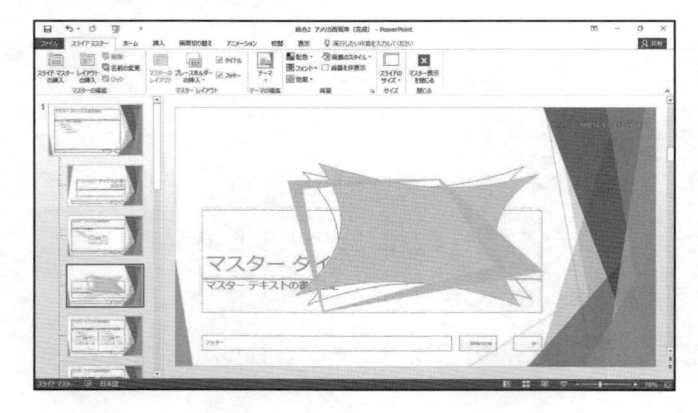

標準モード

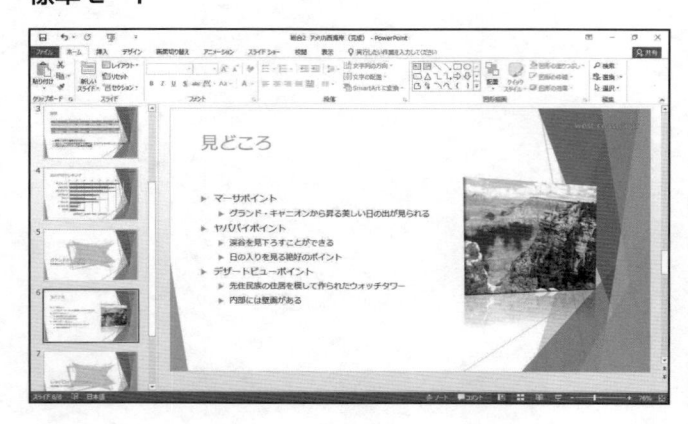

1. ［総合問題］フォルダーのファイル「総合2　アメリカ西海岸」を開きましょう。

2. スライドマスターを表示し、テーマ［ファセット］を設定しましょう。

3. スライドマスターに横書きテキストボックスを挿入して、文字列「west coast tour」を入力し、フォントサイズを20ポイントに設定しましょう。

4. テキストボックスに、ワードアートのスタイル［塗りつぶし（グラデーション）- オレンジ、アクセント4、輪郭 - アクセント4］を設定しましょう。

5. 挿入したテキストボックスをスライドの右上角に移動しましょう。

6. セクション見出しのレイアウトのコンテンツ領域に、［総合問題］フォルダーにあるファイル「図1」を挿入しましょう。

7. 標準（サムネイル表示）でプレゼンテーションを表示しましょう。

8. 6枚目のスライドに、［総合問題］フォルダーにあるファイル「写真1」を挿入しましょう。

9. 挿入したファイル「写真1」を、文字が隠れないように右側に移動しましょう。

10. 挿入したファイル「写真1」に、図のスタイル［透視投影（右）、反射付き］を設定しましょう。

11. 「総合2　アメリカ西海岸（完成）」という名前を付けて［保存用］フォルダーに保存しましょう。

ビーチリゾートについてのプレゼンテーションを完成させましょう。

完成例
変更箇所

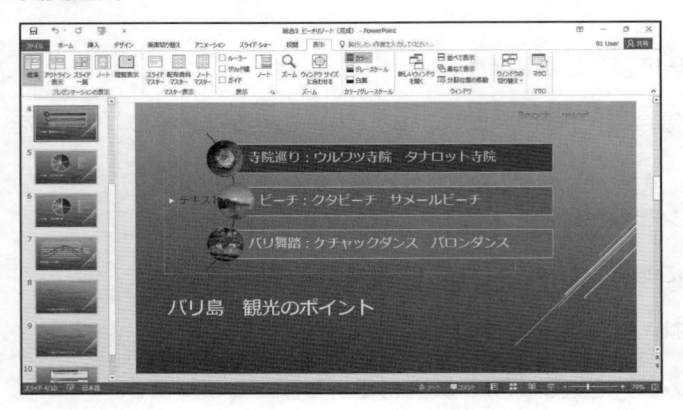

コメント

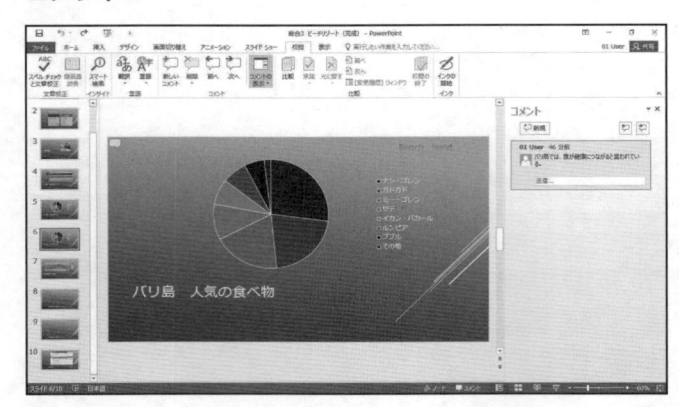

1. ［総合問題］フォルダーのファイル「総合3　ビーチリゾート」を開きましょう。

2. 校閲機能を利用して、［総合問題］フォルダーのファイル「総合3　ビーチリゾート（修正スライド）」と比較して、4枚目のスライドの変更箇所をすべて反映しましょう。

3. 2枚目のスライドの文字列「ハワイ」に、［総合問題］フォルダーのファイル「総合3　ハワイツアー」へのリンクを設定しましょう。

4. 5枚目のスライドの文字列「Excelのバリ島情報へ」に、［総合問題］フォルダーのExcelファイル「総合3　バリ島情報」へハイパーリンクを設定しましょう。

5. 6枚目のスライドにコメント「バリ島では、食が健康につながると言われている。」を追加しましょう。

6. スライドの再利用機能を利用して、7枚目のスライドの後ろに［総合問題］フォルダーのファイル「総合3　おすすめポイント」のスライドすべてを挿入しましょう。

7. スライドショーで表示して、リンク先を確認しましょう。

8. 開いているExcelのファイルを閉じましょう。

9. 「総合3　ビーチリゾート（完成）」という名前を付けて［保存用］フォルダーに保存しましょう。

問題 4

アジアの旅についてのプレゼンテーションを開き、非表示にするスライドを設定しましょう。
また、目的別スライドショーを作成しましょう。

完成例
目的別スライドショー（上海の旅）

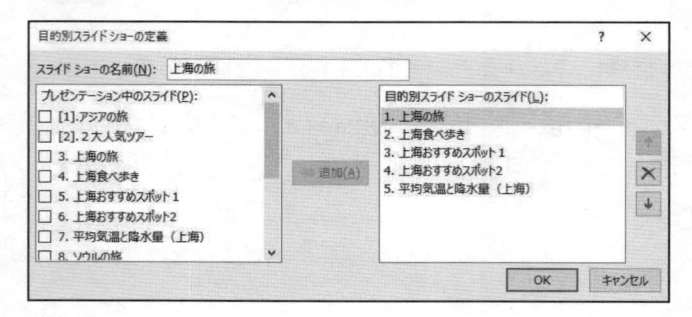

目的別スライドショー（ソウルの旅）

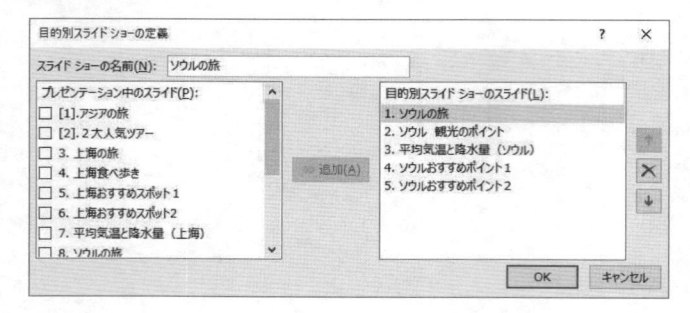

印刷プレビュー

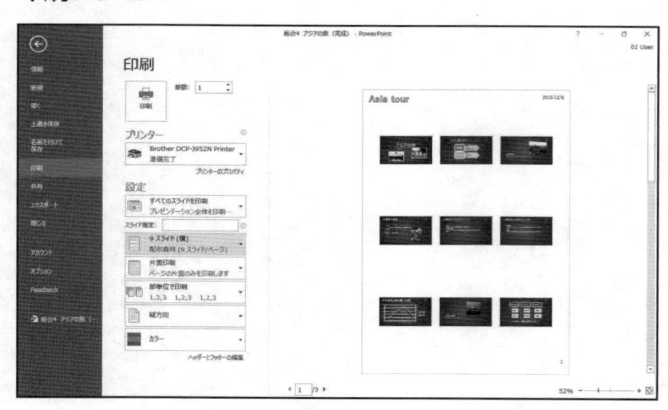

1. ［総合問題］フォルダーのファイル「総合4　アジアの旅」を開きましょう。

2. スライド一覧表示モードに切り替えて、1枚目と2枚目のスライドを非表示に設定しましょう。

3. 「上海の旅」という名前を付けて、目的別スライドショーを作成しましょう。

4. 次のスライドを目的別スライドショーとして追加しましょう。
   - 3.　　上海の旅
   - 4.　　上海食べ歩き
   - 5.　　上海おすすめスポット1
   - 6.　　上海おすすめスポット2
   - 7.　　平均気温と降水量（上海）

5. 「ソウルの旅」という名前を付けて、目的別スライドショーを作成しましょう。

6. 次のスライドを目的別スライドショーとして追加しましょう。
   - 8.　　ソウルの旅
   - 9.　　ソウル　観光のポイント
   - 12.　平均気温と降水量（ソウル）
   - 13.　ソウルのおすすめポイント1
   - 14.　ソウルのおすすめポイント2

7. 作成した2つの目的別スライドショーを実行しましょう。

8. 配布資料マスターを表示して、ヘッダーに「Asia tour」という文字列を追加しましょう。

9. 追加したヘッダーのテキストにワードアートのスタイル［塗りつぶし - 白、輪郭 - アクセント5、影］を設定し、フォントサイズを24ポイントに変更しましょう。

10. 配布資料マスター表示を閉じましょう。

11. 標準（サムネイル表示）でプレゼンテーションを表示しましょう。

12. 印刷プレビューで［配布資料］の［9スライド（横)］に設定して、レイアウトを確認しましょう。

13. 「総合4　アジアの旅（完成)」という名前を付けて［保存用］フォルダーに保存しましょう。

ハワイツアーについてのプレゼンテーションにアニメーションを設定しましょう。
また、プレゼンテーションをJPEGファイル交換形式として保存しましょう。

完成例
アニメーション

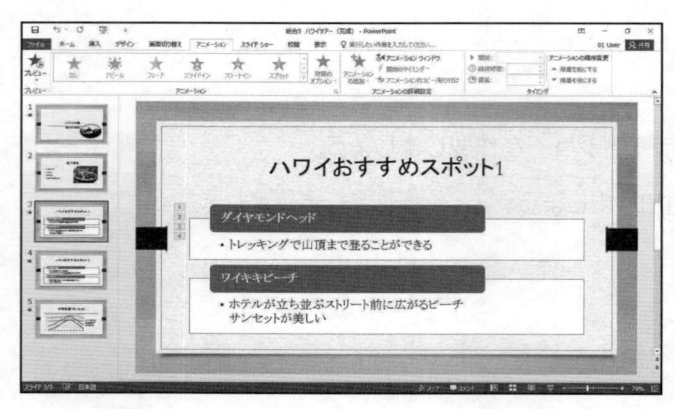

JPEGファイル交換形式

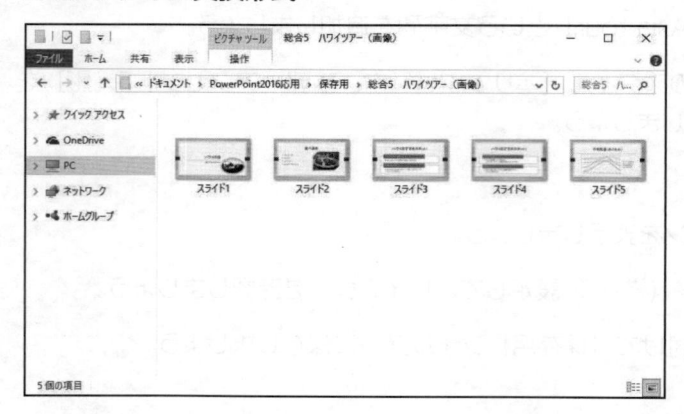

1. ［総合問題］フォルダーのファイル「総合5　ハワイツアー」を開きましょう。

2. 次の表を参考に、1枚目のスライドのタイトル領域の文字列に連続したアニメーション効果を設定しましょう。

開始の効果	テキストの動作	開始	継続時間
ターン	文字単位で表示	直前の動作の後	02.00

強調の効果（控えめ）	フォントの色	開始	継続時間
カラーで拡大	赤	直前の動作の後	02.00

3. 次の表を参考に、3枚目と4枚目のスライドのSmartArtグラフィックにアニメーション効果を設定しましょう。

開始の効果（控えめ）	開始	継続時間	グループグラフィック
スピナー	クリック時	00.50	個別

4. 次の表を参考に、5枚目のスライドのグラフにアニメーション効果を設定しましょう。

開始の効果（ベーシック）	開始	方向	継続時間	グループグラフ
ブラインド	クリック時	縦	00.50	系列別

🔆 ヒント　グラフにアニメーションを設定するには

グラフをクリックしてから、［アニメーション］タブをクリックします。あとは、通常のアニメーションと同様の操作で設定します。

5. スライドショーを実行して動作を確認しましょう。

6. 「総合5　ハワイツアー（完成）」という名前を付けて［保存用］フォルダーに保存しましょう。

7. プレゼンテーションのすべてのスライドをJPEGファイル交換形式として［保存用］フォルダーに「総合5　ハワイツアー（画像）」という名前を付けて保存しましょう。

8. ［保存用］フォルダーの「総合5　ハワイツアー（画像）」フォルダーを開き、スライドがJPEGファイル交換形式で保存されていることを確認しましょう。

社内e-ラーニングの導入についてのプレゼンテーションを完成させましょう。

完成例

写真の挿入

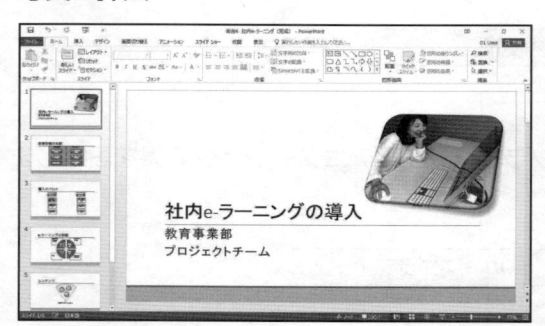

SmartArt：階層リスト

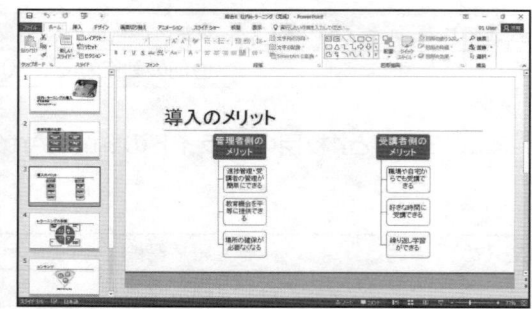

SmartArt：循環マトリックス

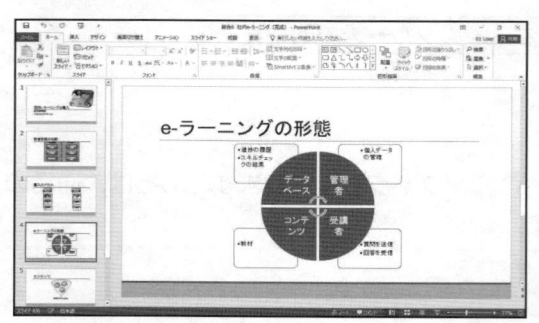

SmartArt：フィルター

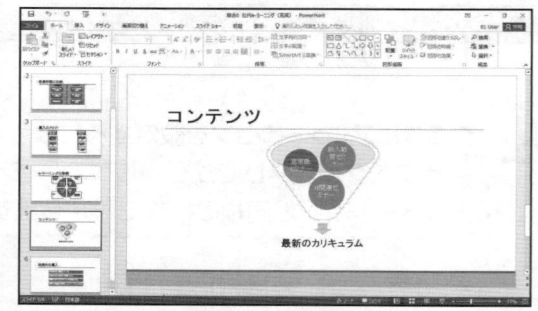

1. ［総合問題］フォルダーのファイル「総合6　社内e-ラーニング」を開きましょう。

2. テーマに［レトロスペクト］を設定しましょう。

3. 配色に［赤味がかったオレンジ］を設定しましょう。

4. 1枚目のスライドに、［総合問題］フォルダーにあるファイル「写真2」を挿入しましょう。

5. スライドに、ガイドを表示しましょう。

ヒント　**ガイド**
ガイドは、スライド上にオブジェクトを配置する際の目印です。［表示］タブをクリックし、［ガイド］チェックボックスをオンにするとガイドを表示できます。垂直、水平方向にドラッグして移動することが可能です。

6. 水平ガイドを［8.60］と表示されるまで上方向に移動し、垂直ガイドを［4.10］と表示されるまで右方向に移動しましょう。

7. 挿入したファイル「写真2」左上角が、水平ガイドと垂直ガイドの交点に合うように移動しましょう。

8. 挿入したファイル「写真2」に、図のスタイル［透視投影、面取り］を設定しましょう。

9. ガイドを非表示にしましょう。

10. 3枚目のスライドの、左側と右側の箇条書きを、それぞれSmartArtグラフィック［階層リスト］に変換しましょう。

ヒント　**箇条書きをSmartArtに変換するには**
箇条書きのテキストボックスをクリックしてから［ホーム］タブをクリックし、［SmartArtグラフィックに変換］ボタンをクリックするとギャラリーが開くので、そこからSmartArtを選択してクリックします。

11. 3枚目のスライドの後ろに、［総合問題］フォルダーのWordファイル「e-ラーニングの形態」（アウトラインが設定されています）を読み込んで、スライドを追加しましょう。

12. 4枚目のスライドの箇条書きをSmartArtグラフィックの［循環］の［循環マトリックス］に変換しましょう。

13. 5枚目のスライドの箇条書きをSmartArtグラフィックの［手順］の［フィルター］に変換しましょう。

14. 5枚目のスライドのSmartArtグラフィックのスタイル（色）を、［カラフル - アクセント3から4］に変更しましょう。

15. 「総合6　社内e-ラーニング（完成）」という名前を付けて［保存用］フォルダーに保存しましょう。

索引

英字

Excelの表の貼り付け	51
Excelファイルへのハイパーリンク	58
JPEG形式で保存	172
Officeテーマ	16
PDF形式	179
PowerPoint Viewer	168
SmartArtアニメーション	95
Word文書の配布資料	157
XPS形式	179

あ行

アウトライン文書を開く	46
アクセシビリティチェック	154
アニメーション	84
アニメーションの軌跡	84
移動（セクション）	124
印刷プレビュー	151
ウィンドウのスクリーンショット	48
オーディオツール	65
オーディオファイル	61
オリジナルテンプレート	16
オリジナルテンプレートの保存	38
折りたたみ（セクション）	122

か行

開始（アニメーション）	84
画面の拡大表示（発表者ビュー）	138
画面領域のスクリーンショット	50
強調（アニメーション）	84
グラフィックス形式	172
グループ化	91
現在のスライドからスライドショーを実行	57
校閲機能	114
効果のオプション	90
効果パターンの設定（スライドマスター）	24

コピー（アニメーション）	93
コメント	114

さ行

最終版	155
サウンドアイコン	63
削除（アニメーション）	98, 109
終了（アニメーション）	84
順序（アニメーション）	94
スクリーンショット	48
図の挿入（スライドマスター）	36
スマートガイド	11, 32
スライドショー形式	166
スライドの再利用	71
スライド番号	33
スライドマスター	2, 6
スライドマスターの箇条書きの書式	9
スライドマスターのタイトルの書式	8
スライドマスターの追加	20
スライドレイアウト	6
セキュリティ	174
セクション	120
セクション名	121

た行

他のスライドへのリンク	74
他のプレゼンテーションのスライド	71
テーマの設定（スライドマスター）	20
テーマの保存（スライドマスター）	25
展開（セクション）	122
テンプレート	16
動作設定ボタン	74, 169
動作の割り当て	78
ドキュメント検査	153

な行

［名前を付けて保存］ダイアログボックス	166

ノートマスター ……………………………………………… 2, 4

は行

背景の設定（スライドマスター）…………………………… 26
配色パターンの設定（スライドマスター）………………… 22
ハイパーリンク ……………………………………………… 56
配布資料マスター ……………………………… 2, 5, 146
パスワードを使用して暗号化 ……………………………… 174
発表者ビュー ………………………………………………… 133
貼り付けとリンク貼り付け ………………………………… 158
ビデオツール ………………………………………………… 69
ビデオのトリミング ………………………………………… 68
ビデオファイル ……………………………………………… 66
非表示スライド ……………………………………………… 126
非表示スライドの表示 ……………………………………… 127
フォントパターンの設定（スライドマスター）………… 23
プレゼンテーションの比較 ………………………………… 117
プレゼンテーションパック ………………………………… 168
ヘッダー/フッター（スライドマスター）……………… 31
ヘッダー/フッター（配布資料マスター）……………… 148
[変更履歴] ウィンドウ …………………………………… 118

ま行

マスター ……………………………………………………… 2
目的別スライドショー ……………………………………… 128

や行

読み取りパスワード/書き込みパスワード ……………… 176

ら行

連続したアニメーション …………………………………… 99

■ 本書についてのお問い合わせ方法、訂正情報、重要なお知らせについては、下記Webページをご参照ください。なお、本書の範囲を超えるご質問にはお答えできませんので、あらかじめご了承ください。

https://project.nikkeibp.co.jp/bnt/

PowerPoint 2016 応用 セミナーテキスト

2016年4月19日　初版発行
2019年2月15日　初版第2刷発行
2020年8月28日　初版第3刷発行

著　　　者：日経BP社
発　行　者：村上 広樹
発　　　行：日経BP社
　　　　　　〒105-8308　東京都港区虎ノ門4-3-12
発　　　売：日経BPマーケティング
　　　　　　〒105-8308　東京都港区虎ノ門4-3-12
装　　　丁：折原カズヒロ
制　　　作：クニメディア株式会社
印　　　刷：大日本印刷株式会社

・本書に記載している会社名および製品名は、各社の商標または登録商標です。なお、本文中に™、®マークは明記しておりません。
・本書の例題または画面で使用している会社名、氏名、他のデータは、一部を除いてすべて架空のものです。

©2016 日経BP社

ISBN978-4-8222-9791-6　　Printed in Japan